# Gefährliche Kinderarbeit – Leid und Lösung

## Was wir wissen.
## Was wir tun müssen.

International Programme on
the Elimination of Child Labour (IPEC)

International Labour Office • Genf

**EDITION AUMANN**

Die Originalausgabe dieser Arbeit wurde von der ILO, Genf, unter dem Titel Children in hazardous work: what we know, what we need to do veröffentlicht.

Copyright © International Labour Organization 2011
Deutsche Übersetzung Copyright © 2012 Edition Aumann
Übersetzung und Herstellung mit Genehmigung.
Aus dem Englischen übertragen von Ann-Kathrin Steger.

printed in Germany

ISBN 978-3-942230-74-2

Die Gestaltung und Erstellung dieser Veröffentlichung wurde vom Arbeitsministerium der Vereinigten Staaten finanziell gefördert. Das Dokument spiegelt dabei nicht unbedingt die Richtlinien des amerikanischen Arbeitsministeriums wider, auch die Erwähnung von Markennamen, kommerziellen Produkten oder Organisationen wurde nicht durch die Regierung der Vereinigten Staaten von Amerika unterstützt.

Die Veröffentlichung des IAA verwendeten, der Praxis der Vereinten Nationen entsprechenden Bezeichnungen sowie die Anordnung und Darstellung des Inhalts sind keinesfalls als eine Meinungsäußerung des Internationalen Arbeitsamtes hinsichtlich der Rechtsstellung irgendeines Landes, Gebietes, Territoriums oder dessen Behörden oder hinsichtlich der Grenzen eines solchen Landes oder Gebietes aufzufassen.

Die Verantwortung für Meinungen, die in Artikeln, Untersuchungen und sonstigen Beiträgen unter dem Namen des Autors zum Ausdruck gebracht werden, liegt ausschließlich bei dem betreffenden Autor, und die Veröffentlichung bedeutet nicht, dass das Internationale Arbeitsamt sie billigt, und das Fehlen eines Hinweises auf eine bestimmte Firma oder ein bestimmtes Erzeugnis oder Verfahren ist nicht als Missbilligung aufzufassen.

# Inhaltsverzeichnis

Danksagungen .................................................................. 6
Zusammenfassung ........................................................... 10
Fakten ............................................................................ 13
Im Goldrausch ................................................................ 15

**Teil I.** **Warum soll gefährliche Kinderarbeit vorrangig behandelt werden?** ............ 20
    Einige Definitionen .................................................... 22
        Wer gilt als ein Kind? ............................................. 22
        Was ist Kinderarbeit? ............................................. 22
        Was ist gefährliche Kinderarbeit? ........................... 24

1. Die gesetzliche Grundlage ............................................. 26
    Die Liste der gefährlichen Arbeiten .......................... 26
    Sicherheit am Arbeitsplatz und Gesundheitskonventionen ......... 27

2. Die Anzahl der gefährdeten Kinder ................................. 29
    Ungleichmäßiger Fortschritt ..................................... 29
    Regionale Verteilung der gefährlichen Kinderarbeit ...... 31
    Geschlechterverteilung der betroffenen Kinder ............ 32
    Sektorale Verteilung gefährlicher Kinderarbeit ............ 33
    Verletzungen und Krankheiten .................................. 34

3. Gefahren für die Gesundheit ......................................... 39
    Einige grundlegende Prinzipien der gefährlichen Arbeit ... 40
    Warum das Risiko für Kinder so groß ist ..................... 41
    Verständnis für die Risiken der Kinder ....................... 43
    Die Kosten gefährlicher Arbeit für die Gesellschaft ....... 44
4. Der beste Weg zum Ziel ................................................ 46

**Teil II.** **Wissenschaft und Praxis: Was haben wir gelernt?** 49
5. Erkenntnisse über gefährliche Kinderarbeit
in verschiedenen Bereichen ............................................ 51
    Landwirtschaft ...................................................... 51

Fischerei und Aquakultur ......... 61
Häusliche Arbeit ......... 66
Fabrikarbeit ......... 73
Minenarbeit und Arbeit im Steinbruch ......... 77
Baugewerbe und damit verbundene Industrien ......... 84
Dienstleistungssektor und Arbeit auf der Straße ......... 89

6. Lösungen mit Aussicht auf Erfolg ......... 94
    Regierungskonzepte ......... 95
    Führung durch Arbeitgeber ......... 110
    Führung durch Gewerkschaften ......... 118
    Kommunale Konzepte ......... 128

## Teil III. Wie eine grundlegende Veränderung der gefährlichen Kinderarbeit erreicht werden kann .. 134

7. Integration von Maßnahmen und politischen Richtlinien ......... 136
    Kinderarbeit im Kontext des Lebenszyklus ......... 136
    Jugendliche als entscheidende Zielgruppe ......... 138
    Jüngere Kinder und Mädchen haben Vorrang ......... 142
    Ein Gerüst für nachhaltigen Wandel ......... 143

## Schlussfolgerung: Ja, aber was kann ich dagegen tun? .... 148

Wichtigste Vorgehensweisen ......... 150

Anhang I. Länder mit einer „Liste der gefährlichen Arbeiten" ......... 154

Anhang II. Bewährte Materialsammlungen ......... 157
    „Safe Work for Youth" Werkzeugkasten ......... 157
    OSH Bildung: Youth@Work ......... 159
    Lokale Partner in der Landwirtschaft: WIND ......... 161
    EU-OSHAs Kampagne „Starte sicher" ......... 162
    Andere Quellen zum Thema gefährliche Arbeit ......... 164
    Quellen für Arbeitgeber ......... 167

**Literaturverzeichnis** ......... 169

## Danksagungen

>> Mit diesem Schriftstück richtet die ILO die Aufmerksamkeit auf die große Anzahl von Kindern, die nach wie vor von gefährlicher Arbeit betroffen sind.

Gleichzeitig würdigt sie die Anstrengungen unzähliger Organisationen und Menschen, die auf der Suche nach einer realisierbaren, nachhaltigen Lösung zur Bekämpfung von gefährlicher Kinderarbeit große Anstrengungen unternommen haben.

Obwohl die Fragestellung der Kinderarbeit nicht neu ist, wurden gerade in den letzten Jahren immer mehr Maßnahmen zur Bekämpfung des Problems getroffen. Im Jahr 2009 gründeten die ILO und die WHO einen Fachausschuss, der sich mit dem Schicksal junger Arbeiter und Kinderarbeiter auseinandersetzte sowie Untersuchungen über die gesundheitlichen Folgen von Kinderarbeit durchführen sollte.

Das Netzwerk, Safe Work for Youth, welches heute über 100 Mitglieder zählt, wurde zum Austausch von Informationen gegründet.

Ziel war, eine Diskussionsplattform zu schaffen, um Maßnahmen und Verfahrensweisen auszutauschen und zu ergründen, wie auf die gesundheitlichen Herausforderungen von Jugendlichen am Besten reagiert werden kann.

Viele ressortübergreifende Gespräche wurden geführt, um den Wissensstand über gefährliche Arbeit von Kindern zu ermitteln und Lösungswege zu finden. Diese halfen, die Zusammenarbeit zwischen den Organisationen zu stärken und eine Ebene der Verständigung zu ermöglichen.

Der vorliegende Bericht „Gefährliche Kinderarbeit - Leid und Lösung. Was wir wissen. Was wir tun müssen." ist, obwohl die IPEC die endgültige Verantwortung für den Inhalt übernimmt, ein Produkt dieser Zusammenarbeit.

Der Bericht wurde von Susan Gunn, ILO, in Zusammenarbeit mit Richard Rinehart und Christopher Wanjek vorbereitet. Ergänzende Texte wurden von Nadèche Andrianasolo (Beraterin), Saeed Awan (CIWCE-Pakistan), Laura Brewer (ILO-SKILLS), Mariela Buonomo (ILO Programm zur Beschäftigung von Jugendlichen), Sule Caglar (ILO Türkei), Philippe Gousenbourger (ITUC-Brüssel), Yoshi Kawakami (ILO Safe Work), Sanjiv Kumar (Regierung von Indien), Sue Longley (IUF), Andrews Tagoe (GAWU) und Yuka Ujita (ILO Safe Work) sowie zahllosen IPEC Kollegen in Zentralen und vor Ort bereitgestellt.

Während der Planung und Überarbeitung dieses Dokuments erhielten wir stets wertvolle Beiträge und Kommentare von unzähligen Mitarbeitern innerhalb und außerhalb der ILO.

Ein ganz besonderer Dank gebührt Halshka Graczyk (Beraterin), die die Literaturrecherche vorbereitete und David Parker, der großzügig seine bewegenden Fotografien für diese Veröffentlichung bereitstellte. Wir danken auch Susan Wilburn und Ruth Etzel (WHO) sowie Marilyn Fingerhut (WHO Netzwerk Kooperationszentrum) für ihre Unterstützung des gesamten Unternehmens.

*Kind beim Schweißen* © David Parker

# Danksagungen

>> Kinder, die von gefährlicher Arbeit betroffen sind, sind in vielerlei Hinsicht, die stille Mehrheit der Kinderarbeiter. Obwohl sie auf Fotos in den Medien auftauchen, werden sie letztendlich oft von Formen der Kinderarbeit in den Schatten gestellt, die eher im Blick der Öffentlichkeit stehen, wie zum Beispiel Kindersoldaten oder Betroffene des Kinderhandels.

Oft werden die unterschiedlichen Tätigkeiten sogar allgemein unter dem Begriff der Kinderarbeit zusammengefasst. Immer noch zu wenige Richtlinien oder Programme sind auf die besonderen Bedürfnisse der Kinder ausgerichtet, die von gefährlicher Arbeit betroffen sind.

*Dabei gibt es viele Gründe,*
*diesem Problem Aufmerksamkeit zu schenken:*

(1) das Ausmaß des Problems – Schätzungen gehen von etwa 115 Millionen Kindern aus, die derzeit von gefährlicher Arbeit bedroht sind; (2) der jüngste Anstieg von gefährlicher Arbeit unter älteren Kindern – eine Zunahme von 20% innerhalb von vier Jahren; und (3) der wachsende Beweis, dass Jugendliche, im Vergleich zu erwachsenen Arbeitern viel häufiger Arbeitsunfälle erleiden.

Außerdem gibt es guten Grund zur Annahme, dass im Bereich der gefährlichen Arbeit große Fortschritte auf dem Weg zur Beseitigung der Kinderarbeit gemacht werden können. So berichtet dieses Dokument von der erfolgreichen Befreiung jüngerer Kinder von gefährlicher Arbeit sowie einer sinkenden Anzahl betroffener Mädchen.

Die ILO untersuchte vor diesem Hintergrund die bisherigen Erkenntnisse der Problematik sowie die „bewährten Verfahrensweisen" zu ihrer Lösung. Dieser Bericht stellt damit eine Zusammenfassung dessen dar und gibt Anregungen für die Zukunft.

# Zusammenfassung

*Das Dokument ist in drei Teile gegliedert:*

*Teil I* erlaubt einen allgemeinen Überblick über das Problem der gefährlichen Kinderarbeit, formuliert eine Definition (Kapitel 1), berichtet über das Ausmaß (Kapitel 2) und erklärt, weshalb Kinder, bezüglich Gesundheit und Gesetzgebung (Kapitel 3 und 4), eines besonderen Schutzes bedürfen.

*Der zweite Teil* behandelt vor allem die Auswertung von Forschungsergebnissen und erfolgreichen Initiativen, die gegründet wurden, um das Problem der Kinderarbeit zu beseitigen. *Kapitel 5* beschäftigt sich mit einer Zusammenfassung der Forschungsergebnisse und der Auswertung wissenschaftlicher Daten aus sieben Industriesektoren: Landwirtschaft, Fischerei, Hausarbeit, Fabrikarbeit, Minen- und Bergbau, dem Baugewerbe sowie dem Straßen- und Dienstleistungssektor. Diese sektorale Auswahl wurde nicht getroffen, weil sie die „schlimmsten" Formen der Kinderarbeit vereint, sondern um die verschiedenen Risiken einer jeden Industrieform hervorzuheben. Es soll auch gezeigt werden, wie sich Gefahren in einer bestimmten Situation oder Lokalität äußern. So soll auf die Bedeutung der Risikoerkennung und die Entscheidung, welche Tätigkeiten altersgemäß sind oder nicht, hingewiesen werden.

Dieser Abschnitt des Berichts warnt außerdem vor dem oft frühzeitigen Tod von Kindern, die gefährliche Arbeit verrichten. Viele Menschen erkennen ganz einfach nicht, wie verwundbar Kinder im Angesicht von giftigen Chemikalien, extremen Temperaturen, monotonen Tätigkeiten, von Isolation, Unterdrückung und Gewalt sind.

*In Teil II, Kapitel 6* findet sich eine Zusammenstellung von konkreten Lösungsmaßnahmen, welche das Potential zu globalem Erfolg haben und bereits in mehreren Ländern angewendet wurden. Diese nähern sich dem Problem der gefährlichen Kinderarbeit aus unterschiedlichen Perspektiven und unter der Führung verschiedener Gruppierungen: der Regierung, der Gewerkschaften, Arbeitgeber und Gemeinden.

*Im dritten und letzten Teil* finden die Ansätze der vorhergehenden Abschnitte zu einem umfassenden Konzept zusammen, welches zeigt, wie ein koordinierter Plan zur Beseitigung von gefährlicher Kinderarbeit aussehen könnte.

Statt die Kinderarbeit als ein Problem einer kleinen Altersgruppe zu betrachten, ermuntert uns der Bericht zu einer Betrachtung des gesamten Lebenszyklus. Somit wird die große Bedeutung von Bildung und Ausbildungsrichtlinien unterstrichen, die Kinder für ihr Arbeitsleben vorbereiten, um einen reibungslosen Übergang von der Schule in die Arbeitswelt zu gewährleisten. Zahlreiche Maßnahmen für Sicherheit und Gesundheit sind nötig, sobald Jugendliche ins Berufsleben eintreten.

Die Beseitigung von gefährlicher Kinderarbeit ist dabei nicht nur ein technischer Prozess. Nachhaltige und wesentliche Fortschritte erfordern politische Richtlinien, die gegen die Ursachen von Kinderarbeit zu Felde ziehen: Kampf gegen die Armut, Sicherstellung des Zugangs zu Bildung und eine grundlegende soziale Absicherung, die die Schwächsten schützt.

Obwohl die Zahl der Kinder, die von gefährlicher Arbeit betroffen sind, groß ist, befinden sich einige der gefährlichsten Formen von Kinderarbeit an spezifischen Standorten, in spezifischen Berufsgruppen, spezifischen Tätigkeiten und spezifischen Altersgruppen.

Die Konzentration auf diese besonderen Bereiche kann ausreichen, nötige Impulse zu setzen und einen Fortschritt zu bewirken. Dieses Dokument warnt davor, dass sich das Ausmaß gefährlicher Kinderarbeit durch den demographischen Wandel in vielen Ländern noch vergrößern kann.

# Zusammenfassung

*Zusammengefasst* ruft der Bericht dazu auf, das Problem der gefährlichen Kinderarbeit die nächsten 5 Jahre priorisierend zu behandeln. Wichtig sind spezifische Maßnahmen auf drei Ebenen:

1. Sicherstellen, dass alle Kinder, zumindest bis zum gesetzlichen Arbeitsmindestalter, die Schule besuchen.
2. Fördern der Sicherheit und Gesundheit am Arbeitsplatz durch spezielle Schutzmaßnahmen für Jugendliche zwischen dem Mindestalter und 18 Jahren.
3. Schaffen einer gesetzlichen Grundlage für Maßnahmen gegen die gefährliche Arbeit von Kindern, mit der Unterstützung von Arbeitnehmern und Arbeitgebern.

# Fakten

*Das Problem ist ernst:*

» Gefährliche Arbeit gehört zu den schlimmsten Formen der Kinderarbeit.
» Mehr als die Hälfte (53 %) der 215 Millionen Kinderarbeiter verrichten gefährliche Arbeit.
» Das Ausmaß der gefährlichen Arbeit wächst vor allem unter älteren Kindern im Alter von 15-17 Jahren. Innerhalb von vier Jahren (2004-2008) erhöhte sich die Zahl der Betroffenen um 20% - von 52 Millionen auf 62 Millionen. Das zahlenmäßige Verhältnis von Jungen zu Mädchen in dieser Altersgruppe ist 2:1.
» Daten aus Industrieländern zeigen eindeutig, dass Kinder höhere berufsbedingte Unfalls- und Todesraten aufweisen als erwachsene Arbeiter .

*Jedoch, es gibt guten Grund zur Hoffnung:*

» Fortschritte können verzeichnet werden. Die Verbreitung von gefährlicher Kinderarbeit bei jüngeren Kindern (5-14 Jahre) nahm in den Jahren 2004-2008 um 31% ab; bei den Mädchen immerhin um 24%.
» 173 Länder verpflichteten sich, durch die Bestätigung der „Konvention der Schlimmsten Formen der Kinderarbeit" ILO 1999 (Nr. 182) dazu, die Kinderarbeit als „dringliche Angelegenheit" zu behandeln und zu beseitigen.

*Kinderarbeit in einer Miene* © David Parker

# Im Goldrausch

>> Es gibt bestimmte Goldminen in Westafrika, über die die Bewohner sagen, dass zwar die Gefahren hoch sind, dafür aber auch die Bezahlung. Und es ist wahr, die Arbeit dort ist hart und gefährlich: die Tunnel und Schächte werden, wenn überhaupt, nur von wackeligen Gerüsten gehalten und können jederzeit einstürzen; niemand hat sich je mit einem Sicherheitsplan auseinandergesetzt, sollten je giftige oder entflammbare Gase aus den Tiefen emporsteigen; es gibt keine Schutzausrüstungen und so arbeiten viele barfuß und ohne Handschuhe. Kurzum, die Arbeitsbedingungen sind erbärmlich und täglich geschehen Unfälle. Die Lebensbedingungen sind mindestens ebenso hart. Wasser ist Mangelware; es gibt weder Kliniken, noch Toiletten oder eine Polizei.

Die Minenarbeiter sehen das Sonnenlicht nur selten, sie treten in die engen Schächte schon vor dem Sonnenaufgang und kommen, während ihres langen Arbeitstages, nur selten an die Oberfläche. Andere wiederum arbeiten unter fast gegensätzlichen Bedingungen. Ungeschützt vor der heißen Sonne zerschlagen sie Steinbrocken zu Kieselsteinen, um diese dann zu Sand zu verarbeiten. Die einzige Gefahr, derer die Arbeiter sich bewusst sind, ist der erstickende Staub, der ihre Lungen nicht mehr verlassen will; die Gefahr, über die sie hingegen nicht viel wissen, sind die Folgen, die Quecksilber auf das Gehirn hat. Und so benutzen sie Quecksilber, um Gold von zerkleinertem Erz zu trennen.

Minen wie diese sind, gemäß Schätzungen der UN,[1] für ein Fünftel der Goldproduktion weltweit verantwortlich. Sie produzieren auch Edelsteine für unseren Schmuck und seltene Mineralien für unsere Mobiltelefone. Meist sehr abgelegen und inoffiziell, sind sie außerordentlich gut organisiert. Die Verdopplung des Goldpreises am Weltmarkt, in den letzten Jahren, tat ihr übriges, um das Schürfen nach Gold für die bitterarme Bevölkerung reizvoller und noch gefährlicher zu machen.

---

1   MM. Veiga und R.F. Baker: Protocols for environmental and health assessment of mercury released by artisanal and smallscale gold miners (Wien, GEF/UNDP/UNIDO, . 2004).

# Im Goldrausch

Nicht unerwartet befindet sich unter diesen Arbeitern, die von Gold-, Edelstein- und Mineralminen sowie Steinbrüchen magisch angezogen werden, auch ein beträchtlicher Prozentsatz an Kindern – sowohl Mädchen als auch Jungen: Kinder graben, schleppen, zerkleinern Steine und atmen dabei den Staub; Kinder mischen mit bloßen Händen Quecksilber unter das zerkleinerte Erz; Kinder verhandeln mit bewaffneten Käufern über karge Preise für winzige Goldkörner; Kinder haben nicht einmal ordentliches Essen oder Wasser; Kinder verlieren ihre Chance auf Bildung.

Viele von uns haben sich ihre romantische Vorstellung von Kindheit, als eine Zeit der Unschuld, Wunder und Entdeckungen, bewahrt. Andere betrachten sie aus einer praktischeren Perspektive, folgern nämlich, dass die Kindheit und der Übergang in die Arbeitswelt ein modernes, soziales Konstrukt ist, welches in verschiedenen Kulturen Unterschiedliches bedeutet. Ganz allgemein stimmen wir zu, dass etwas an dem oben beschriebenen Szenario entschieden falsch läuft, ob es sich in einer Goldmine, einem Rohrzuckerfeld, einer Textilfabrik, einem Holzbetrieb, einer Baustelle oder einer Müllkippe abspielt. Wenn wir zulassen, dass Kinder in derartigen Situationen leben müssen, geben wir ein kleines Stück unserer Menschlichkeit auf.

Ja, diese Kinder sind arm und der Hungerlohn, den sie mit ihrer Arbeit verdienen, kann helfen ihre Familien zu unterstützen. Ja, die Notwendigkeit von Kinderarbeit steht für ein größeres Problem, zum Beispiel das einer gescheiterten oder manchmal korrupten Infrastruktur ohne bezahlbarem Bildungswesen. Ja, einige Kinder sind sehr erwachsen für ihr Alter und können den physischen und psychischen Druck, den körperliche Arbeit mit sich bringt, verkraften. Ja, einige der Tätigkeiten sind eine Art der Bildung, die ihnen wertvolle Fähigkeiten für das Leben vermitteln können. Aber kein Kind der Welt sollte Quecksilber zu Gold reiben und das entstehende Amalgam einatmen müssen.

Werfen wir einen Blick auf die Fakten und untersuchen die negativen Folgen, die sich durch die Arbeit in genannter Goldmine für den Körper ergeben. Quecksilber, Gift für die Entwicklung des Nervensystems, schadet sowohl den kognitiven, als auch motorischen Fähigkeiten. Die akute Belastung mit Quecksilber – beim Einatmen von Quecksilberdampf – kann zu schweren Schäden am Zentralnervensystem und damit zu Wahn und Selbstmord führen.[2] In den Gebieten der Goldminen können Kinder mit Quecksilber auf vielfältige Weise in Berührung kommen: über die Haut beim Mischen von Quecksilber und erzhaltigem Sand; beim Einatmen der Dämpfe bei der Verbrennung (die giftigste und einfachste Form es aufzunehmen); bei der Verdauung durch Rückstände an den Händen; oder durch das Essen von kontaminiertem Gemüse und Obst. Eine Forschungsstudie ergab, dass Kinderarbeiter in Minen höhere Werte der toxischen Metalle aufwiesen, als Erwachsene, obwohl sie sogar weit weniger Kontakt mit Metallen hatten.[3]

Was bedeutet dies für die Gesundheit? Eine Studie bewies, dass bei Kindern einer Goldmine, ähnlich der beschriebenen Mine, alarmierende Quecksilberwerte in Blut, Urin und den Haaren festgestellt wurden. Neurologische Tests, die diese Kinder im Vergleich zu einer unbelasteten Kontrollgruppe untersuchten, brachten Erschreckendes zutage. Kinder mit Quecksilber Belastung benötigten zweimal so lang, um grundlegende kognitive Tests sowie Reflextests durchzuführen.[4] Zudem konnten auch bei Kindern, die nur in der Nähe der Minen lebten, höhere Quecksilber Belastungen festgestellt werden, als bei Kindern, die weiter entfernt wohnten.

Dieses Problem zeigt die weitreichende, große Gesundheitsbedrohung, die von den Bedingungen gefährlicher Arbeit ausgeht.[5]

---

2    Inorganic mercury. Environmental Health Criteria 118 (Genf, UNEP-ILO-WHO, 1991). Erster Entwurf ausgearbeitet von Dr. L. Friberg, Karolinska Institut, Schweden.
3    C.L.N. Banza et al.: „High human exposure to cobalt and other metals in Katanga, a mining area of the Democratic Republic of Congo", in Environmental Research (2009), Vol. 109, Nr. 6, S. 745-752.
4    S. Bose-O'Reilly et al.: „Mercury as a serious health hazard for children in gold mining areas", in Environmental Research (2008), Vol. 107, S. 89-97.
5    ebd.

# Im Goldrausch

Aufgrund ihres schnelleren Stoffwechsels und Wachstums benötigen Kinder mehr Luft, mehr Nahrung und mehr Wasser als Erwachsene. Ein Kind atmet zweimal mehr Luft pro Kilogramm des Körpergewichts ein, als ein Erwachsener. Demzufolge absorbiert es auch viel mehr Gift. Schwere Lasten können lebenslange Deformationen und Behinderungen, wie verkrüppelte Füße, gekrümmte Rücken oder ausgekugelte Schultern zur Folge haben.

Dazu kommt noch die schwere, aber unsichtbare Last des Verantwortungsgefühls für den Rest der Familie, welche einen unermesslich großen Einfluss auf die Fähigkeit eines jungen Menschen hat, zu lernen ... und sich zu freuen.

Bis heute haben die psychologischen, sozialen und intellektuellen Einflüsse von gefährlicher Arbeit bei Kindern, z.b. im Bergbau, nicht viel Aufmerksamkeit erhalten. Manchmal nehmen wir auch an, dass Kinder zurecht kommen, wenn sie sich nicht beschweren. Doch oft wollen Kinder gar nicht das Wort ergreifen, aus Angst, sie könnten ihre Arbeit verlieren, oder als dumm gelten. Damit sind sie allen Arten von Ausbeutung ausgeliefert. Wenn Kinder Seite an Seite mit Erwachsenen in Minen arbeiten, sind sie oft das Ziel von verbalem und körperlichem Missbrauch, oder ganz einfach von Betrug und Täuschung.

Der gesetzlose Lebensstil, der so typisch für abgelegene und unkontrollierte Minen ist, bringt sie schon früh mit Alkoholmissbrauch, Spielsucht, Prostitution und Kriminalität in Berührung. Schulen sind praktisch nicht vorhanden. Das Einzige, was die Kinder lernen ist, wie man in einer gesetzlosen Umgebung überleben kann.

Wenn nicht das Quecksilber in der Mine zur Belastung wird, dann gibt es ganz sicher Vorkommen von Mangan oder Blei in einer Schmelzhütte anderswo. Wenn es nicht die bewaffneten Goldkäufer sind, dann sind es die sicheren Schläge von aggressiven Fabrikbesitzern woanders. Wenn es nicht der Minenstaub ist, dann ist es das Siliziumoxid in einem Steinbruch an einem anderen Platz. Wenn es keine lauten oder gefährlichen Maschinen sind, dann sind es bestimmt schwerfällige Traktoren und offen liegende Sägeblätter auf Bauernhöfen anderswo.

Wenn es nicht die Plätze sind, wo gefährliche Arbeit leicht ausgemacht werden kann, dann sind es die unzähligen Kleinstindustrien, wie das Schuhmacherhandwerk, eine Gerberei, ein ausbeuterischer Textilbetrieb, das Recyceln von Autobatterien, Galvanisieren oder das Arbeiten mit Holz, wo gesundheitliche Folgen erst Jahre später sichtbar werden.

Diese Arbeiten sind oft zwar sichtbar – wie z.B. der Verkauf von Blumen inmitten einer stark befahrenen Straßenkreuzung – werden jedoch nicht wahrgenommen und gehen in der Kakophonie des städtischen Lebens unter.

Nicht nur die Zukunft eines Kindes, sondern die der ganzen Gesellschaft steht auf dem Spiel. So wie der einzelne Arbeiter darunter leidet, leidet die gesamte Nation. Eine schlecht ausgebildete Arbeiterschaft führt dazu, dass Produktivität, Gewinne, Investitionen und Gehälter sinken und so der Teufelskreis der Armut fortgeführt wird.

„Es gibt nichts, was man tun könnte", sagen manche über die allgegenwärtigen Gefahren am Arbeitsplatz, die Kinder erleben. „So sind die Dinge eben." Aber wir wissen, dass das nicht stimmt. So mag die Situation zwar derzeit sein, aber Zeiten ändern sich. Dieses Dokument ist der Beweis dafür.

# Teil 1

## \>\> Warum soll gefährliche Kinderarbeit vorrangig behandelt werden?

*Gefährliche Arbeit verdient es mit besonderer Aufmerksamkeit behandelt zu werden, weil:*

- » viele Kinder, auch in diesem Moment gefährdet sind; sie können nicht auf allmähliche Veränderungen warten;
- » beinahe alle Länder zugesagt haben, sofortige Maßnahmen zu ergreifen, indem sie die ILO „Konventionen über das Mindestalter", 1973 (Nr. 138) und/oder über die „Schlimmsten Formen der Kinderarbeit", 1999 (Nr. 182) unterschrieben haben;
- » der Fortschritt, der bei den jüngeren Kindern gemacht werden konnte beweist, dass mit verstärkten Anstrengungen allen Kinderarbeitern geholfen werden kann.

*Kinderarbeiter auf Fischereiplattform* © David Parker

# Einige Definitionen

>> Wir beginnen diesen Bericht damit, verwendete Schlüsselbegriffe zu definieren. Zugleich gewähren wir einen Einblick in die historischen Hintergründe und Wurzeln dieser Veröffentlichung.

> *Wer gilt als ein Kind?*

Gemäß der ILO Kinderarbeits-Konventionen, Nr. 138 und 182, und der „Konvention der Rechte von Kindern" (CRC) der Vereinten Nationen, zieht man mit dem Alter von 18 Jahren die Trennlinie zwischen Kindheit und Erwachsenenalter.[6] Obwohl viele kulturelle Traditionen und persönliche Merkmale für ein höheres bzw. niedrigeres Alter sprechen, hat die internationale Gemeinschaft beim Erarbeiten und Verabschieden dieser Konventionen beschlossen, dass Personen unter 18 Jahren Kinder sind, denen besondere Schutzrechte zustehen.

> *Was ist Kinderarbeit?*

Für die geschützte Zeit der Kindheit legt die ILO Konvention Nr. 138 das gesetzliche Mindestalter für die unterschiedlichen Arten von Beschäftigungen fest:

» Mindestalter 13 Jahre für leichte Arbeit;
» Mindestalter 15 Jahre für gewöhnliche Arbeit;
» Mindestalter 18 Jahre für gefährliche Arbeit.

Bei der Ratifizierung der Konventionen haben die Länder die Möglichkeit, ein höheres Alter (z.B. 16 Jahre) anzugeben, oder im Fall eines Entwicklungslandes, eine Altersherabsetzung um ein Jahr vorzunehmen (z.B. 14 Jahre als das Mindestalter für gewöhnliche und 12 Jahre als das Mindestalter für leichte Arbeit). Der Gedanke, ein Mindestalter für alle Tätigkeiten festzulegen, besteht bereits seit dem ersten Jahrzehnt des 20. Jahrhunderts.

---

6 Die CRC erlaubt wenige Ausnahmen.

Folglich ist Kinderarbeit Arbeit, die von Kindern verrichtet wird, die jünger als das festgelegte Mindestalter der genannten Kategorien ist. Dies ist die allgemeine Regel, jedoch ist die Konvention Nr. 138 einigermaßen flexibel, was ein paar Ausnahmen (künstlerische Darbietungen, beaufsichtigte Ausbildungen etc.) zulässt.[7]

Der Schutz vor Kinderarbeit betrifft die meisten produzierenden Tätigkeiten, ob ein formales Arbeitsverhältnis oder ein Arbeitgeber im eigentlichen Sinne (z.B. in beruflicher Selbstständigkeit) existiert oder nicht, ob bezahlt oder unbezahlt, für wenige Stunden oder in Vollbeschäftigung, gelegentlich oder fest angestellt, saisonal oder ganzjährig, legal oder illegal. Arbeit in der Familie, etwa unbezahlte Arbeit in der Familienproduktion, im Familienbetrieb oder der heimatlichen Farm gehört ebenso dazu, wie das Holen von Wasser oder Feuerholz für den familiären Bedarf.

Wesentlich für die Diskussion ist das allgemeine Verständnis, dass Gesundheit, neben Bildung, das definierende Merkmal jeder dieser Kategorien ist. So enthält dieser Text zahllose Anmerkungen und Vorbehalte, die auf gesundheitliche Zustände hinweisen. Dazu gehören zum Beispiel Hinweise, wie „vereinbar mit der körperlichen und mentalen Entwicklung von jungen Menschen", „unter der Bedingung, dass die Gesundheit, Sicherheit und Moral der jungen Betroffenen vollständig geschützt sind" und „Arbeit, die wahrscheinlich nicht schädlich für ihre Gesundheit oder ihre Entwicklung ist".

---

7   Siehe Konvention Nr. 138 für eine genauere Erklärung dieser Ausnahmen.

# Einige Definitionen

> *Was ist gefährliche Kinderarbeit?*

Die ILO Konvention Nr. 182, die die schlimmsten Formen der Kinderarbeit (Worst Forms of Child Labour = WFCL) klar umgrenzt, geht einen Schritt weiter und nimmt gefährliche Arbeit in ihren vier schlimmsten Formen auf. Diese Konvention verfügt sofortiges Handeln (Absatz 'd' unten), erlaubt keine Ausnahmen und verbietet die Beschäftigung von Kindern in folgenden Tätigkeiten gänzlich:

(a) alle Formen der Sklaverei oder alle sklavenähnlichen Praktiken, wie den Verkauf von Kindern und den Kinderhandel, Schuldknechtschaft und Leibeigenschaft sowie Zwangs- oder Pflichtarbeit, einschließlich der Zwangs- oder Pflichtrekrutierung von Kindern für den Einsatz in bewaffneten Konflikten;

(b) das Heranziehen, Vermitteln oder Anbieten eines Kindes zur Prostitution, zur Herstellung von Pornographie oder zu pornographischen Darbietungen;

(c) das Heranziehen, Vermitteln oder Anbieten eines Kindes zu unerlaubten Tätigkeiten, insbesondere zur Gewinnung von und zum Handel mit Drogen, wie diese in den einschlägigen internationalen Übereinkünften definiert sind;

(d) Arbeit, die ihrer Natur nach oder aufgrund der Umstände, unter denen sie verrichtet wird, voraussichtlich für die Gesundheit, die Sicherheit oder der Moral von Kindern schädlich ist.

Durch diesen Absatz der Konvention Nr. 182 aus dem Jahr 1999, und die kurz darauf von den meisten ILO Mitgliedsstaaten unterschriebene Ratifizierung (173 von 183 stimmten bereits zum Zeitpunkt der Veröffentlichung zu), wurde den ersten drei schlimmsten Formen, Kinderhandel eingeschlossen, große Aufmerksamkeit geschenkt.

Der vierte Aspekt - ein, wie manche sagen, schwer einzugrenzender Bereich – der sich auf Tätigkeiten bezieht, die die Gesundheit, Sicherheit und Moral von Kindern schädigen, erhielt betrüblicherweise weniger Aufmerksamkeit. Die Konvention selbst formuliert nicht, welche Tätigkeiten betroffen sind und überlässt es stattdessen den Ländern selbst, eine Definition zu finden.

Daraus entstand, was wir im allgemeinen die „Liste der gefährlichen Arbeiten" nennen. Die „Empfehlung der schlimmsten Formen von Kinderarbeit", 1999 (Nr. 190) der ILO nennt unverbindliche Richtlinien, die mit der Konvention Nr. 182 einhergehen und definieren, welche Arbeiten untersagt werden sollen. Die Mitgliedstaaten werden darin ermahnt, folgende Arbeiten zu unterbinden:

» Arbeit, die Kinder körperlichem, emotionalem und sexuellem Missbrauch aussetzt;
» Arbeit, die unter der Erde, Unterwasser, in gefährlichen Höhen oder engen Räumen stattfindet;
» Arbeit mit gefährlichen Maschinen, Ausrüstung und Werkzeugen oder Arbeit, die die manuelle Handhabung oder den Transport von schweren Lasten beinhaltet;
» Arbeit in gesundheitsschädigender Umgebung, welche Kinder z.B. Belastungen durch gefährliche Substanzen, Mittel, Abläufe, oder Temperaturen, Lautstärken oder Vibrationen aussetzt;
» Arbeit unter besonders schwierigen Umständen, wie etwa lange Arbeitszeiten, Nachtarbeit oder Arbeit, die es Kindern nicht möglich macht, jeden Tag heimzukehren.

# 1 Die Gesetzliche Grundlage

>> Es ist hilfreich gefährliche Kinderarbeit im Hinblick auf zwei unterschiedliche Altersgruppen zu betrachten: die jüngeren Kinder unter dem Mindestalter, die in die Schule gehen sollten sowie die älteren Kinder, die im legalen Arbeitsalter sind. Verrichten sehr junge Kinder gefährliche Arbeit, wird ihnen, im Allgemeinen, besondere Aufmerksamkeit geschenkt. Wenn die Arbeit ihre Gesundheit oder Entwicklung aller Voraussicht nach aufs Spiel setzt, ist es im Falle der jüngeren Kinder die einzige Möglichkeit, sie von ihrem Arbeitsplatz wegzunehmen. Für ältere Kinder gibt es darüber hinaus eine weitere Möglichkeit: Entweder werden sie direkt von der gefährlichen Arbeitsstelle entfernt oder eine Verbesserung der Arbeitsbedingungen vermindert die Risiken insoweit, dass die Arbeit die Gesundheit der Jugendlichen voraussichtlich nicht schädigt.

Die Phrasen „wahrscheinlich gesundheitsgefährdend" (Konvention Nr. 138) bzw. „wahrscheinlich gesundheitsschädigend" (Konvention Nr. 182) oder „wahrscheinlich gefährlich" (CRC) sind dabei ausschlaggebend. Sie bedeuten, dass die Arbeit nicht mehr durch Nachforschungen überprüft werden muss, sondern es einwandfrei feststeht, dass sie mit Krankheiten, Verletzungen oder anderen negativen Konsequenzen einhergeht.

## > *Die Liste der gefährlichen Arbeiten*

Länder, die die Konvention Nr. 182 und die Konvention Nr. 138 unterschreiben, verpflichten sich gleichzeitig zu Arbeitsbestimmungen, die Arbeit für Kinder unter 18 Jahren untersagen. Artikel 4 der Konvention Nr. 182 besagt:

1. Die unter Artikel 3 (d) [Arbeit, die ihrer Natur nach oder aufgrund der Umstände, unter denen sie verrichtet wird, voraussichtlich für die Gesundheit, die Sicherheit oder die Moral von Kindern schädlich ist.] erwähnten Arten von Arbeit, sind durch die innerstaatliche Gesetzgebung oder durch die zuständige Stelle nach Beratung mit den in Betracht kommenden Verbänden der Arbeitgeber und der Arbeitnehmer zu bestimmen, wobei die einschlägigen internationalen Normen zu berücksichtigen sind, insbesondere die Absätze 3 und 4 der Empfehlung über schlimmste

Formen von Kinderarbeit, 1999.
2. Die zuständige Stelle hat nach Beratung mit den in Betracht kommenden Verbänden der Arbeitgeber und der Arbeitnehmer zu ermitteln, wo diese bestimmten Arbeiten vorkommen.
3. Das Verzeichnis der gemäß Absatz 1 dieses Artikels bestimmten Arten von Arbeit ist von der zuständigen Stelle in Beratung mit den in Betracht kommenden Verbänden der Arbeitgeber und der Arbeitnehmer regelmäßig zu überprüfen und erforderlichenfalls zu revidieren.

Kurz beziehen wir uns deshalb auf die „Liste der gefährlichen Arbeiten". Diese Liste ist von großer Wichtigkeit, da einmal gesetzlich verfügt, sie das Fundament für eine Vielzahl von Aktionen bildet – Anwaltschaft, Versorgungsnetze, politische Maßnahmen und Vollstreckungen – die Kinder und Jugendliche vor Ausbeutung schützen. Sie gibt die Linie vor und bestimmt, was Kinder, die über dem gesetzlichen Mindestalter sind, tun dürfen oder nicht.

Eine entscheidende Komponente der beiden Konventionen ist die dreiseitige Konsultation. Wenn Arbeitgeber, Arbeitnehmerorganisationen und Regierungen an einem Tisch die Probleme „Welche Arbeit ist gefährlich?", „Wo findet sich gefährliche Arbeit?, „Welche Arbeit sollte vorrangig behandelt werden?" erörtern, bringt dies den Prozess, über die Kinderarbeit im eigenen Land zu sprechen, in Gang.

## > *Sicherheit am Arbeitsplatz und Gesundheitskonventionen*

In diesem Bericht konzentrieren wir uns zwar auf Kinder, gefährliche Arbeit ist für Erwachsene jedoch genauso wenig zulässig. Die ILO Konventionen über Sicherheit und Gesundheit am Arbeitsplatz (Occupational Safety and Health = OSH),[8] Arbeitsaufsichtssysteme[9] und wichtige Sektoren, wie etwa die Landwirtschaft, bieten Schutz für alle Arbeiter ... genau genommen bei-

---

[8] Occupational Safety and Health Convention, 1981 (Nr. 155), Promotional Framework ... for the Occupational Safety on Health Concention, 2006 (Nr. 187).
[9] Labour Inspection Convention, 1947 (Nr. 81), oder Labour Inspection (Agriculture), ..... 1969 (Nr. 129).

## Die Gesetzliche Grundlage

nahe die Hälfte des ILO Apparats beschäftigt sich direkt oder indirekt mit den Konventionen der OSH.

Die Verfassung der ILO selbst macht es sich zum Grundsatz, dass Arbeiter vor Krankheiten, Leiden und Verletzungen, die von ihrem Beruf herrühren, beschützt werden sollen.

Diese Standards fördern Grundprinzipien, wie etwa die Beurteilung von Berufsrisiken oder Gefahren sowie eine Präventionskultur, in welcher die Information, Beratung und Schulung aller Arbeiter eingeschlossen ist.[10] Bereits vor langer Zeit hat man erkannt, dass der Kampf gegen Kinderarbeit gleichzeitig eine Aktion für faire Erwachsenenarbeit sein kann.

Menschen in aller Welt kümmern sich um Kinder. Wo Erwachsene selbst nicht erkennen, wie sie sich schützen können, tun sie oft alles, um ihre Kinder zu schützen. Wo im Fall von gefährlicher Arbeit, wirtschaftliche Not oder tief verwurzelte Traditionen Verbesserungen für erwachsene Arbeiter verhindern, ist es oftmals der Beschluss, Kinderarbeit zu unterbinden, der einen Wandel hervorbringt. Die Beseitigung gefährlicher Kinderarbeit kann helfen, die Sicherheit und Gesundheit aller Arbeiter zu verbessern – das ultimative Ziel.

*Zusammenfassung:*

- » Bis zum Alter von 18 Jahren – nicht 15 Jahren, wie oft angenommen wird – können Kinder „Kinderarbeiter" sein, da die Arbeit unter gefährlichen Bedingungen oder die Durchführung gefährlicher Tätigkeiten, die gefährliche Arbeit zu den schlimmsten Formen der Kinderarbeit macht.
- » Gefährliche Arbeit ist aber auch oft unter jüngeren Kindern zu finden, die vorrangig behandelt werden sollen.
- » Die „Liste der gefährlichen Arbeiten" ist eine gute Basis für nahezu alle Maßnahmen auf diesem Gebiet.

---

10  Zum Beispiel, Promotional Framework for Occupational Safety and Health Convention, 2006 (Nr. 187).

# Die Anzahl der gefährdeten Kinder

>> In diesem Kapitel beschäftigen wir uns mit den Ausmaßen der gefährlichen Kinderarbeit. Sind viele Kinder betroffen? Wo? Mädchen oder Jungen? Des weiteren betrachten wir Statistiken über Unfälle, Verletzungen, Krankheiten und Todesfälle, die uns derzeit über Kinderarbeiter vorliegen. Bedauerlicherweise stehen uns jedoch, trotz des Ausmaß des Problems, nicht genug Statistiken zur Verfügung; wir rufen deshalb Regierungen, Universitäten und Geldgeber auf, es als vordringlich zu betrachten, diese Wissenslücke über gefährliche Kinderarbeit zu schließen.

## > *Ungleichmäßiger Fortschritt*

Die Gesamtanzahl von Kindern, die gefährliche Arbeit verrichten, beträgt 115 Millionen (Schätzung von 2008, Tabelle 2.1). Das sind über 7 % aller Kinder im Alter von 5-17 Jahren. Das Verhältnis zwischen den Altersgruppen variiert erheblich. Während weniger als ein Drittel der jüngeren beschäftigten Kinder (5-14 Jährigen) gefährliche Arbeit verrichten, sind fast die Hälfte aller 15-17 Jährigen in einer Arbeit beschäftigt, die als gefährlich eingestuft wird!

## Die Anzahl der gefährdeten Kinder

**Tabelle 2.1 Schätzungen zu den unterschiedlichen Formen von Kinderarbeit, 2004 und 2008**

| | Gesamtzahl | Beschäftigung von Kindern | | Kinderarbeit | | Gefährliche Kinderarbeit | |
|---|---|---|---|---|---|---|---|
| | ('000) | ('000) | % | ('000) | % | ('000) | % |
| *Alter 5-17 Jahre, Jungen und Mädchen* | | | | | | | |
| 2004 | 1 566 300 | 322 729 | 20,6 | 222 294 | 14,2 | 128 381 | 8,2 |
| 2008 | 1 586 288 | 305 669 | 19,3 | 215 269 | 13,6 | 115 314 | 7,3 |
| *Jungen* | | | | | | | |
| 2004 | 804 000 | 171 150 | 21,3 | 119 575 | 14,9 | 74 414 | 9,3 |
| 2008 | 819 891 | 175 777 | 21,4 | 127 761 | 15,6 | 74 019 | 9,0 |
| *Mädchen* | | | | | | | |
| 2004 | 762 300 | 151 579 | 19,9 | 102 720 | 13,5 | 53 966 | 7,1 |
| 2008 | 766 397 | 129 892 | 16,9 | 87 508 | 11,4 | 41 296 | 5,4 |
| *Alter 5-14 Jahre, Jungen und Mädchen* | | | | | | | |
| 2004 | 1 206 500 | 196 047 | 16,2 | 170 383 | 14,1 | 76 470 | 6,3 |
| 2008 | 1 216 854 | 176 452 | 14,5 | 152 850 | 12,6 | 52 895 | 4,3 |
| *Alter 15-17 Jahre, Jungen und Mädchen* | | | | | | | |
| 2004 | 359 800 | 126 682 | 35,2 | 51 911 | 14,4 | 51 911 | 14,4 |
| 2008 | 369 433 | 129 217 | 35,0 | 62 419 | 16,9 | 62 419 | 16,9 |

Quelle: IPEC: Global child labour development: Measuring trends from 2004 to 2008 (Genf, ILO, 2008).

Die Fortschritte bei der Eindämmung der schlimmsten Formen von Kinderarbeit sind ungleichmäßig. Mit Besorgnis ist der alarmierende Anstieg gefährlicher Kinderarbeit von 20 % bei den 15-17 Jährigen, ein Anstieg von 51,9 Millionen auf 62,4 Millionen Kinder zwischen 2004 und 2008, beobachtet worden.[11] In nur vier Jahren sind das bis zu 10,5 Millionen Jugendliche mehr, die gefährlichen Arbeiten oder Bedingungen ausgesetzt sind.

Innerhalb der jüngeren Altersgruppe der Kinder, die gefährliche Arbeiten verrichten, hat indes ein Rückgang stattgefunden. Im Jahr 2000 verrichteten noch geschätzte 111,3 Millionen Kinder, im Alter von 5-14 Jahren, gefährli-

---

11  IPEC: Accelerated action against child labour (Genf, ILO, 2010), S. 5.

che Arbeit. 2004 konnte diese Zahl schon auf 76,5 Millionen reduziert und bis zum Jahr 2008, sogar auf 53 Millionen vermindert werden. Mit anderen Worten, die Zahl wurde in acht Jahren halbiert. Weltweite Schätzungen von 2008 zeigen, dass zum ersten Mal mehr 15-17 Jährige und nicht 5-14 Jährige gefährliche Arbeit verrichten, wohingegen im Jahr 2000 noch das Gegenteil der Fall war.

> *Regionale Verteilung der gefährlichen Kinderarbeit*

Die Zahl und der Anteil von Kindern, die gefährliche Arbeiten verrichten ist von Region zu Region unterschiedlich (Tabelle 2.2). Die größte Anzahl wurde in Asien und dem Pazifik registriert. Der größte Anteil von betroffenen Kindern, im Verhältnis zu der Gesamtzahl aller Kinder in der Region, ist jedoch in Subsahara-Afrika zu verzeichnen. [12]

**Tabelle 2.2  Die Anzahl und der Prozentsatz von Kindern zwischen 5-17 Jahren, die von gefährlicher Arbeit betroffen sind, von Region zu Region 2008**

| Region | Gesamtzahl ('000) | Gefährliche Arbeit ('000) | Häufigkeitsrate (%) |
|---|---|---|---|
| Weltweit | 1 586 288 | 115 314 | 7,3 |
| Asien und Pazifik | 853 895 | 48 164 | 5,6 |
| Lateinamerika und die Karibik | 141 043 | 9 436 | 6,7 |
| Subsahara-Afrika | 257 108 | 38 736 | 15,1 |
| Andere Regionen | 334 242 | 18 978 | 5,7 |

Quelle: IPEC: *Global child labour development: Measuring trends from 2004 to 2008*
  (Genf, ILO, 2008).

---

12  IPEC: Global child labour developments: Measuring trends from 2004 to 2008 (Genf, ILO, 2008), S. 11.

## Die Anzahl der gefährdeten Kinder

> *Geschlechterverteilung der betroffenen Kinder*

Der größte Rückgang von Kindern in gefährlicher Arbeit wurde unter den Mädchen festgestellt (Tabelle 2.3). Die Anzahl der jüngeren Jungen ist nur schwach zurückgegangen; unter älteren Jungen konnte ein Anstieg festgestellt werden.

**Tabelle 2.3** Aufteilung der unterschiedlichen Arten von Kinderarbeit nach Geschlecht

| Geschlecht | Kinder | | Beschäftigung von Kindern | | Kinderarbeit | | Gefährliche Kinderarbeit | |
|---|---|---|---|---|---|---|---|---|
| | 2004 | 2008 | 2004[a] | 2008 | 2004[a] | 2008 | 2004[a] | 2008 |
| **Jungen und Mädchen** | | | | | | | | |
| Anzahl ('000) | 1 566 300 | 1 586 288 | 322 729 | 305 669 | 222 294 | 245 269 | 128 381 | 155 314 |
| Häufigkeitsrate (% der Altersgruppe) | 100,00 | 100,00 | 20,6 | 19,3 | 14,2 | 13,6 | 8,2 | 7,3 |
| Entwicklung in % | – | 1,3 | – | -5,3 | – | -3,2 | – | -10, |
| **Jungen** | | | | | | | | |
| Anzahl ('000) | 804 000 | 819 891 | 171 150 | 175 777 | 119 575 | 127 761 | 74 414 | 74 019 |
| Häufigkeitsrate (% der Altersgruppe) | 100,0 | 100 | 21,3 | 21,4 | 14,9 | 15,6 | 9,3 | 9,0 |
| Entwicklung in % | – | 2,0 | – | 2,7 | – | 6,8 | – | -0,5 |
| **Mädchen** | | | | | | | | |
| Anzahl ('000) | 762 300 | 766 397 | 151 579 | 129 892 | 102 720 | 87 508 | 53 966 | 41 296 |
| Häufigkeitsrate (% der Altersgruppe) | 100,0 | 100,0 | 19,9 | 16,9 | 13,5 | 11,4 | 7,1 | 5,4 |
| Entwicklung in % | – | 0,5 | – | -14,3 | – | -14,8 | – | -23,5 |

Anmerkung: [a] Schätzungen von 2004 wurden rückwirkend angepasst
Quelle: IPEC: *Global child labour development: Measuring trends from 2004 to 2008* (Genf, ILO, 2008)

Die Anzahl der Jungen, die gefährliche Arbeiten verrichten, übertrifft die der Mädchen in allen Altersgruppen. Über 60% der Kinder, in den Altersgruppen von 12-14 und 15-17 Jahren, die gefährliche Arbeit verrichten, sind Jungen. Der Prozentsatz an Jungen jeglicher Altersgruppe, die gefährliche Kinderarbeit verrichten, änderte sich zwischen 2004 und 2008 kaum. Er blieb bei etwa 9%[13] bestehen, während er sich unter den Mädchen um 24% verminderte (von 54 zu 41 Millionen), d.h. 5,4 % der Mädchen von 5-17 Jahren waren im Jahr 2008 gefährlicher Arbeit ausgesetzt.[14]

> *Sektorale Verteilung gefährlicher Kinderarbeit*

Gefährliche Arbeit findet man vor allem in der Landwirtschaft, einschließlich der Fischerei, der Forstwirtschaft, Nutztierhaltung und der Bestellung von Aquakulturen, in Ergänzung zur Subsistenz- und kommerziellen Landwirtschaft. 59% der Kinder von 5-17 Jahren, die durch ihre Arbeit gefährdet werden, arbeiten in diesem Sektor, während im Vergleich nur 30% im Dienstleistungssektor und 11% in der Industrie vertreten sind. Indessen arbeiten Jungen mit höherer Wahrscheinlichkeit in der Landwirtschaft und Industrie, während Mädchen überwiegend im Bereich der Dienstleistungen beschäftigt sind. Annähernd zwei Drittel der Kinder zwischen 5 und 17 Jahren, die gefährliche Arbeit verrichten, arbeiten als unbezahlte Arbeiter in der Familie; von den Übrigen haben 28% eine bezahlte Beschäftigung und 7% sind freiberuflich tätig.[15]

Der Wandel macht sich in der Landwirtschaft nur langsam bemerkbar, teils, weil die betroffenen Kinder in den ländlichen Gebieten der Erde, am Schwersten zu erreichen sind. Die Landwirtschaft, Fischerei und Nutztierhaltung birgt aber für Kinder viele Gefahren und verursacht weit mehr Verletzungen und Krankheiten, als wir wissen. Aufgrund der großen Anzahl von Kindern in diesem Sektor muss in der Landwirtschaft vorrangig an der Beseitigung von gefährlicher Kinderarbeit gearbeitet werden.[16]

---

13    ebd
14    ebd.
15    IPEC/SIMPOC Berechnungen basierend auf IPEC (2008, a. a. O.).
16    IPEC: Accelerating action against child labour (Genf, ILO, 2010), S.5.

# Die Anzahl der gefährdeten Kinder

> *Verletzungen und Krankheiten*

Einer der Gründe, weshalb wir das volle Ausmaß der gefährlichen Kinderarbeit nicht erkennen, ist der Mangel an Unterlagen und Berichten über Unfälle und Verletzungen, die aus der Arbeit resultieren. Gerade in den Entwicklungsländern existieren keine Statistiken über Arbeitsunfälle und beruflich bedingte Krankheiten von Kindern und selbst in Industrieländern werden berufsbedingte Krankheiten und Verletzungen nur selten gemeldet.

Dies lässt erahnen, wie die Situation in den Ländern ist, die nicht solche Sicherheitsstandards vorweisen können, welche andere für selbstverständlich halten: Sicherheitsbestimmungen und ihre Umsetzung, ein Gesundheitswesen sowie gesetzlich vorgeschriebene Melde- und Überwachungssysteme.

In den Vereinigten Staaten, eben in der Altersgruppe der 15-17 Jährigen, starben in einem Zeitraum von 10 Jahren, zwischen 1998 und 2007, 374 Kinder bei der Arbeit (eine Rate von 2,9 Todesfällen pro 100.000 Vollzeitäquivalente) und eine geschätzte Anzahl von 598.000 Kindern erlitt berufsbedingte Verletzungen und Krankheiten, die schwerwiegend genug waren, um in der Notaufnahme eines Krankenhauses behandelt werden zu müssen (eine Verletzungs-/Krankheitsrate von 4,2 pro 100 Vollzeitäquivalente).[17]

Bei dem Betrachten einer größeren Gruppe – alle arbeitenden Kinder unter 18 Jahren – wird die durchschnittliche Anzahl der Verletzungen in den Vereinigten Staaten auf 158.000 geschätzt.[18] In einem einzelnen Staat (North Carolina, das eine sorgfältige Überprüfung der letzten 20 Jahre vorgenommen hat) stirbt jedes Jahr mehr als ein Kind an den Folgen von Arbeit.[19]

---

17    CDC: „Occupational injuries and deaths among younger workers – United States, 1998-2007", in Morbidity and Mortality Weekly Report (MMMWR) (23. April 2010), Vol. 59, Nr. 15, S. 449-455.
18    ebd.
19    K.J. Rauscher et al.: „Work-related fatalities among youth ages 11-17 in North Carolina, 1990-2008", in American Journey of Industrial Medicine (2011), Vol. 54, S. 136-142.

Diese Zahl mag sich zuerst niedrig anhören, es ist aber das Risiko im Vergleich zu anderen Gruppen, das zählt: Daten zeigen, dass die Verletzungsrate von Kindern zwischen 15-17 Jahren beinahe zweimal so hoch ist, wie die von Arbeitern, welche 25 Jahre oder älter sind.[20]

Bei der eingehenden Betrachtung dieser Statistiken fällt ein weiterer alarmierender Umstand auf. Die Verletzungsraten von Migranten und ethnische Minderheiten liegen viel höher, als die der einheimischen Bevölkerung. Hispanische Kinderarbeiter in den USA beispielsweise, weisen die doppelte Anzahl von Todesfällen, im Vergleich zu nicht hispanischen Arbeitern, auf, nämlich eine Quote von 6,3 Toten pro 100.000 Todesfällen unter Arbeitern.[21]

Europäische Daten zeigen, dass junge Arbeiter, 15-24 Jahre alt, höhere Unfallraten aufweisen, als Erwachsene. Im Jahr 2003 zum Beispiel, erlitten 4,7 % der jungen Arbeiter einen berufsbedingten Unfall, weswegen sie drei Tage nicht zur Arbeit erscheinen konnten. Im Vergleich dazu, liegt der Prozentsatz der älteren Arbeitnehmer nur bei 3,3 %.[22]

Eine neue Studie unter 3.687 arbeitenden Jugendlichen in Dänemark fand heraus, dass beinahe die Hälfte dieser jungen Arbeiter ihre Arbeit als schwer oder psychisch anspruchsvoll beschrieben – zwei Faktoren, die mit dem wachsendem Risiko eine berufsbedingte Verletzung zu erleiden, zusammenhängen. Dazu kommt, dass die Häufigkeit von Arbeitsunfällen, angesichts der Häufigkeit der Vorfälle pro Anzahl der Arbeitsstunden, bei Jugendlichen beinahe zweimal so hoch ist wie bei der regulären Arbeiterschaft.[23]

---

20 ebd.
21 CDC: „Occupational injuries and deaths among younger workers – United States, 1998-2007", in Morbidity and Mortality Weekly Report (MMWR) (23. April 2010), Vol. 59, Nr. 15, S. 449-455.
22 OSH in figures: Young workers – Facts and figures (Institute for Occupational Safety and Health, der Europäischen Agentur für Sicherheit und Gesundheitsschutz am Arbeitsplatz, 2006).
23 K. Rasmussen et al.: „Incidence of work injuries amongst Danish adolescents and their association with work environment factors", in American Journal of Industrial Medicine (2000), Vol. 54, S. 143-152.

## Die Anzahl der gefährdeten Kinder

Auch der Prozentsatz berufsbedingter Todesfälle ist bei europäischen Jugendlichen höher, als bei älteren Arbeitern und lag, gemäß den Berechnungen, im Jahr 2002 bei 8,9%. Die meisten Unfälle mit tödlichem Ausgang unter jungen, europäischen Arbeitern, passierten in der Landwirtschaft, gefolgt vom Bau- und dem Transportwesen. Bei 30% der Unfälle auf Bauernhöfen waren Kinder und Jugendliche beteiligt.[24]

Die Europäische Agentur für Sicherheit und Gesundheitsschutz am Arbeitsplatz (EU-OSH) stellte fest, dass in Europa „junge Arbeiter mindestens 50% wahrscheinlicher davon bedroht sind, bei der Arbeit verletzt zu werden, als ältere Personen [und] mit größerer Wahrscheinlichkeit eine berufsbedingte Krankheit erleiden."[25]

Auch einige andere Länder der Erde haben systematisch Daten über Verletzungen und Krankheiten von Kindern, die gefährliche Arbeit verrichten, gesammelt.

Brasilien ist eines davon. Aufgrund seines innovativen Überwachungssystems für Arbeitsgesundheit konnten, von 2007 bis 2009, 2676 Verletzungen, bei Jugendlichen unter 18 Jahren, am Arbeitsplatz, dokumentiert werden – eine Quote, die mit der der Vereinigten Staaten und Europa vergleichbar ist.[26] Bemerkenswerterweise kamen mit der Verbesserung des Berichtssystems immer mehr berufsbedingte Unfälle, Verletzungen und Krankheiten ans Licht. Ähnlich ist die Situation in Chile, wo innerhalb eines Jahres (2008) von 1124 berufsbedingten Krankheiten, unter Jugendlichen zwischen 15 und 17 Jahren, berichtet wurde.

---

24    OSH in figures: Young workers – Facts and figures ( Institute for Occupational Safety and Health, der Europäischen Agentur für Sicherheit und Gesundheitsschutz am Arbeitsplatz, 2006)
25    ebd.
26    CDC: „Occupational injuries and deaths among younger workers – United States, 1998-2007", in Morbidity and Mortality Weekly Report (MMWR) (23.April 2010), Vol. 59, Nr. 15, S. 449-455.

Detailliertere Informationen aus dem Jahr 2009 zeigten auch, dass 93% dieser Jugendlichen einen Unfall erlitten, für den sie im Durchschnitt 6,5 Tage der Behandlung und Erholung benötigten. Verantwortlich für all diese Vorfälle ist zum größten Teil die Landwirtschaft (32%), gefolgt vom Hotel- und Restaurantgewerbe (22%) sowie dem Handel (12%). Von den geschätzten 100.000 Kinderarbeitern in Chile arbeiten 39% unter unzumutbaren Bedingungen, mehr als 44% besuchen nicht die Schule, und fast 38% von ihnen arbeiten mehr als 49 Stunden in der Woche. Ein Drittel aller beschäftigten Jugendlichen arbeitet während der Nachtstunden.[27]

Eine ältere aber sorgfältige Untersuchung von Unfallunterlagen der Philippinen schätzte den Prozentsatz aller verunglückten Kinder im Laufe eines Jahres auf 23,8 % - was letztendlich einer Summe von 882.440 Arbeitsunfällen entspricht. Interessanterweise ergab diese Untersuchung ebenfalls, dass Nachtarbeit, schwere Arbeit und körperliche Gefahren die Wahrscheinlichkeit einer Verletzung am Arbeitsplatz um 40% erhöhten.

Das Risiko der Kinder eine nicht tödlich verlaufende Verletzung in der Landwirtschaft zu erleiden war, verglichen mit Kindern in anderen Industrien, fünfmal höher. Dabei ist die Nutzung von Werkzeugen am Arbeitsplatz der häufigste Unfallgrund. Innerhalb eines Jahres konnten rund 637.000 Unfälle bei Kinderarbeitern in der Landwirtschaft verzeichnet werden, was eine Häufigkeitsrate von 0,08 Verletzungen pro 100 geleisteten Arbeitsstunden oder 56,8 Verletzungen pro 100 Vollzeitäquivalenten bedeutet.[28]

---

27  IPEC: Crecer protegido. manual para la proteccion del adolescente trabajador (Santiago, ILO, 2009), S. 18.
28  C. Castro: Measuring hazardous work and identifying risk factors for non-fatal injuries among children working in Philippine agriculture (Washington, DC, 2010), unveröffentlichtes Dokument.

## Die Anzahl der gefährdeten Kinder

Anfang 2011 fand in Turin eine Konferenz von Forschern statt, die sich auf gefährliche Kinderarbeit spezialisiert haben. Sie empfahlen Maßnahmen, um die bestehenden Wissenslücken zu schließen und bestätigten, dass, abgesehen von den oben genannten Beispielen, die Untersuchungen der Auswirkungen von Arbeit auf die Gesundheit von Kindern sehr unzulänglich seien.

Bessere Schätzungen, die auf Belastungen und Resultaten sowie dem Risiko einer Verletzung und Krankheit basieren, sind nötig, um:

» die Entwicklung/Überprüfung der „Liste der gefährlichen Arbeiten" zu fördern
» den Stellenwert des Problems der gefährlichen Kinderarbeit zu erhöhen
» Arbeitnehmer und Arbeitgeber anzuleiten, die in bestimmten Berufssektoren und Industrien arbeiten.

In Folge dieses Treffens lancierte die ILO im April 2011 eine wichtige neue Studie, um die Verbindung zwischen der Gefährdung von Kindern am Arbeitsplatz und konkreten Verletzungen, vor allem in Entwicklungsländern, näher zu untersuchen. Diese Studie, die sich die Daten vieler ILO-Kinderarbeitsumfragen der letzten 10 Jahre zu Nutze macht, ist der erster Schritt, um die weltweiten Einschätzungen berufsbedingter Unfallquoten von Kindern zu überprüfen.

# Gefahren für die Gesundheit

>> Gefährliche Arbeit ist für Kinder schon hinsichtlich der grundlegenden Biologie unzumutbar. Kinder sind keine kleinen Erwachsenen, sie sind körperlich und geistig völlig unterschiedlich (Box 3.1).

So dehnt sich der Übergang zum biologischen Erwachsenenalter, ungeachtet kultureller Auffassungen oder sozialer Konstrukte, bis nach der Pubertät, weit in die letzten Teenagerjahre hinein, aus. Dies bietet die Grundlage für das Argument gegen gefährliche Kinderarbeit ... die Gründe, warum sie als „schlimmste Form der Kinderarbeit [, die] sofortige und umfassende Handlung erfordert", klassifiziert ist.[29]

**Box 3.1   Kinder sind keine kleinen Erwachsenen**

- ▶ Kinder haben dünnere Haut, die Toxide leichter absorbiert.
- ▶ Kinder atmen schneller und tiefer und können so mehr Erreger aus der Luft sowie Staub einatmen.
- ▶ Kinder dehydrieren durch ihre größere Hautoberfläche und ihr schnelleres Atmen leichter.
- ▶ Kinder absorbieren und lagern Schwermetalle (Blei, Quecksilber) leichter im Gehirn an.
- ▶ Das endokrine System von Kindern (welches eine entscheidende Rolle beim Wachsen und der Entwicklung spielt) kann durch Chemikalien gestört werden.
- ▶ Das Enzymsystem ist noch in der Entwicklung und deshalb weniger in der Lage, gefährliche Substanzen abzubauen.
- ▶ Kinder verbrauchen beim Wachsen mehr Energie und sind so einem höheren Risiko von Stoffwechselgiften ausgesetzt.
- ▶ Kinder benötigen für eine einwandfreie Entwicklung mehr Schlaf.
- ▶ Das weniger entwickelte Thermoregulierungssystem von Kindern macht sie sensibler gegenüber Hitze und Kälte.

---

29   Präambel der „Konvention der schlimmsten Formen der Kinderarbeit", 1999 (Nr. 182).

# Gefahren für die Gesundheit

Mit diesem Kapitel verschaffen wir Ihnen einen Überblick, über einige grundlegende Konzepte des Arbeitsschutzes. Dies ist für eine Verständigung zum Thema gefährlicher Kinderarbeit notwendig.

> *Einige grundlegende Prinzipien der gefährlichen Arbeit*
Alles, was möglicherweise Schaden zufügen kann, gilt als Gefährdung. Der Begriff Risiko steht dabei für die Wahrscheinlichkeit einer Verletzung, letztendlich bedingt durch die Gefahr. Betrachten wir übliche Gefahren am Arbeitsplatz: ein Objekt (Messer, Klinge, hohe Leiter), ein Lösungsmittel (Benzol), ein Material (Asbest), eine Energiequelle (Elektrizität), eine physische Umgebung (nasser Fußboden), eine psychische Umgebung (Einschüchterung), eine Tätigkeit (Schweißen), ein gewöhnlicher Arbeitsvorgang (Tabakanbau) oder eine Arbeitsbedingung (zu hohe Stundenanzahl).

Der Schaden, der von einigen dieser Gefahren möglicherweise herrührt, ist eindeutig, wie etwa Schnitte von Klingen oder Erblindung durch Schweißen. Manchmal jedoch sind die Gefahren nicht zu erkennen und es dauert lange, bis sie spürbar werden. Viele junge Farmarbeiter wissen zum Beispiel nicht, dass beim Ernten des nassen Tabaks, Nikotin durch die Haut aufgenommen wird. Ein 16 jähriger Schuhmacher mag vielleicht nicht wissen, dass der Kleber, den er benutzt, Benzol enthält, das zu Leukämie führt und er im Alter von 30 Jahren schon tot sein kann.

Die Risiken, die mit psychosozialen Gefahren verbunden sind, sind am wenigsten bekannt. Stress, Überstunden, gehetztes Arbeiten, Isolation, Einschüchterung – um nur ein paar zu nennen – kann innere Wunden verursachen, Wunden, die nur langsam heilen.

Eine Gegebenheit, die es zu bedenken gilt, ist, dass beinahe alle Arbeiten Risiken bergen. Arbeit in Anwesenheit von Gefahren, ist jedoch nicht automatisch gefährliche Arbeit. Ein Kind, über dem gesetzlichen Mindestalter darf arbeiten, (1) wenn die Gefahren beseitigt werden können, (2) das Kind hinreichend von den Gefährdungen ferngehalten wird und ihnen nicht mehr ausgesetzt ist, oder (3) wenn das Risiko, welches mit der Gefahr einhergeht, minimiert werden kann. Die ILO benennt dies als „Erkennen von Gefahren und Vermindern der Risiken". In ihren Richtlinien für Arbeitgeber, ermuntert sie, die „Risiken für alle Arbeiter, Jugendliche und Erwachsene, zu reduzieren, indem die Sicherheit und Gesundheit am Arbeitsplatz verbessert wird. Dies wird die Wahrscheinlichkeit verringern, dass junge Arbeiter von gefährlichen Situationen betroffen sind. Des weiteren kann ein Arbeitgeber entscheiden, ob Arbeiter unter 18 Jahren (aber über dem Mindestalter) mit risikoreichen Arbeiten belastet werden. Der Arbeitgeber kann diese Risiken lindern und so die gefährliche Kinderarbeit beseitigen."[30]

Die Herausforderung liegt darin zu wissen, wo die Grenze zu ziehen ist. Wann sind die Risiken klein genug? Wann sind Arbeitsgefahren nicht schlimmer als, sagen wir, Gefahren im Sport? Wann ist, in einer beruflichen Ausbildung oder Lehre, eine Unterweisung und Betreuung erforderlich?

## > *Warum das Risiko für Kinder so groß ist*

Einige werden sich fragen, ob Erwachsenenstandards als Orientierung genutzt werden können. Nein, denn die Regelungen für Erwachsene beziehen zwar Gesundheits- und Sicherheitsgefährdungen mit ein, nicht aber die Risiken, die mit der Entwicklung von Kindern zusammenhängen. Ihr Wert besteht demnach lediglich in einer Warnung, denn logischerweise ist, was für einen Erwachsenen verboten ist, wie Strahlung oder Asbest, ebenso für Jugendliche untersagt.

Körper, Geist und Urteilsvermögen von Kindern sind, selbst in späten Jugendjahren, noch in der Entwicklung; ihr reproduktives System und die Hirnfunktionen sind besonders anfällig für sämtliche Gefahren, die diese Prozesse behindern.

---

30  ILO-ACT/EMP und IOE: Eliminating child labour. Guide 2: How employers can eliminate child labour (Genf, ILO, 2007), S. 12-13.

# Gefahren für die Gesundheit

Die Jugendzeit ist der letzte Zeitraum mit raschem Zellwachstum. Pestiziden, Neurotoxinen, endokrinen Disruptoren, Allergenen oder Karzinogenen in dieser kritischen Phase ausgesetzt zu sein, kann gefährlich werden.

Jugendliche Körper nehmen aufgrund ihrer verhältnismäßig schnelleren Atmung und ihres Stoffwechsels, pro Gewichtseinheit, eine höhere Dosis Giftstoffe auf; und reagieren auf diese Giftstoffe oft anfälliger als Erwachsene.

Annähernd 15-20% seiner Größe erreicht der Mensch im Alter zwischen 10 und 20 Jahren, ungefähr die Hälfte davon in einer zweijährigen Phase des raschen Wachstums. In dieser Zeit sind Verletzungen im Bereich der Knochen, Gelenke, Bänder und Muskulatur besonders wahrscheinlich und so können körperliche Anstrengungen oder stetig wiederholende Bewegungen zu Wachstumshemmungen, Verletzungen der Wirbelsäule und anderen lebenslangen Deformationen und Behinderungen führen.[31]

**Box 3.2    Das Risiko der Kinder ist größer, weil sie:**

- ► kaum Arbeitserfahrung aufweisen, und die Risiken schlechter beurteilen können;
- ► den Wunsch haben, gute Leistungen zu liefern – Kinder haben eine übergroße Leistungsbereitschaft, ohne die Risiken zu bemerken;
- ► nur risikoreiches Verhalten von den Erwachsenen gelernt haben;
- ► unter Umständen nicht sorgfältig ausgebildet oder überwacht werden;
- ► keinen Status haben und es für sie schwierig ist, ihre Rechte öffentlich zu bekunden
- ► vorgeben, alles zu verstehen, auch wenn das nicht der Fall ist, um kompetent zu wirken.

---

31    T. Morse et al.: „Trends in work-related muscoskeletal disorder reports by year, type, and industrial sector: a capture-recapture analysis", in American Journal of Industrial Medicine (2004), Vol. 48, nr. 6. S. 40-49.

Noch gibt es keine fundierte Forschung zu diesem Thema, aber Erfahrungen zeigen, dass es oft die Psyche und Verhaltensweise der jungen Leute ist, die sie in Gefahr bringt. Dabei ist vor allem ihre psychische Gesundheit und Entwicklung gefährdet (Box 3.2). Dies stellt ein großes Problem dar, denn psychische Schäden manifestieren sich meist langsam und sind für Menschen ohne psychologische Ausbildung schwer zu behandeln. Junge Menschen sind stets bemüht anderen zu gefallen; sie gehen impulsiv und unüberlegt vor, sind manchmal ungeduldig, immer in Bewegung und haben keine Arbeitserfahrung. Oft zögern sie für sich selbst einzutreten; und im seltensten Fall haben sie eine Organisation oder eine Einzelperson, die sie vertritt. Viele der Arbeiten, zu denen Kinder Zutritt finden, verlangen – und offerieren – kaum eine formale Schulung und meist fehlt es an einer angemessenen Betreuung. Die Risiken werden somit verstärkt.

> *Verständnis für die Risiken der Kinder*
Warum hinken Forschung und Politik der gefährlichen Kinderarbeit so weit hinterher? Möglicherweise nehmen viele Menschen an, dass Kinder nicht arbeiten oder die Arbeit, die sie verrichten, nicht so gefährlich ist. Vielleicht sind sie auch der Meinung, es sei nicht notwendig, über die Auswirkungen von Arbeit auf die Gesundheit der Kinder, Bescheid zu wissen, sondern den Fokus ausschließlich darauf zu legen, die jüngeren Kinder von Arbeit zu befreien.

Was man nicht vergessen darf – und was am schwierigsten zu beurteilen ist – ist, dass ein Kind, welches gefährliche Arbeit verrichtet, gewöhnlich nicht nur einem, sondern mehreren Risikofaktoren ausgesetzt ist. Gefährliche Arbeit tritt oft (aber nicht immer) in Zusammenhang mit Armut auf. Wenn ein Mädchen unterernährt ist und schwere Lasten trägt, ist es entkräftet und die Gefahr zu Erkranken steigt. Wenn es schnell wächst und stundenlang in der heißen Sonne arbeitet, dann wächst das Risiko einer Verletzung. Wenn ein Kind zudem wegen Unachtsamkeit ausgeschimpft oder für einen Fehler geschlagen wird, treibt es sich noch härter an … und die Wahrscheinlichkeit eines Unfalls steigt weiter.

# Gefahren für die Gesundheit

Müssen wir noch weitere Forschungsarbeiten durchführen? Wissen wir nicht bereits, dass Chemikalien, lange Arbeitsstunden und ausbeuterische Situationen schlecht für Erwachsene und damit auch schlecht für Kinder sind? Ja, wir wissen, dass es gefährlich ist, Blei ausgesetzt zu sein (wenn Kinder, um zu überleben, Autobatterien zerlegen), aber erst, wenn die Fakten deutlich ans Licht gebracht werden, sehen wir den Zusammenhang zwischen Arbeit und dem Umstand, dass ein arbeitendes Kind offensichtlich nicht die Schule besuchen kann. Obwohl umfangreiche Studien allgemein als unnötig und zu aufwendig angesehen werden, sind es genau diese, die politische Entscheidungsträger berechtigen, den Sachverhalt weiter oben auf die Prioritätenliste zu setzen. Informationsbeschaffung ist das entscheidende Element einer anwaltschaftlichen Fürsprache. *Untersuchungen sind nötig,[32] um:*

» ein Profil beruflicher Risiken von Kindern zu erstellen, sodass Aufklärungskampagnen, Ausbildungs- und Präventionsstrategien an die Bedürfnisse angepasst werden;
» die geschlechtsspezifischen Unterschiede bei diesen Risiken sowie die Gefahren für junge Migranten und anderer ethnischer Minderheiten abzuschätzen; und
» Maßnahmen zur Risikoverringerung und Programme in den Sektoren einzusetzen, in denen junge Arbeiter den meisten Gefahren ausgesetzt sind.

## > *Die Kosten gefährlicher Arbeit für die Gesellschaft*

Wenn ein Kind chronisch erkrankt, ein Auge verliert oder eine Amputation im Alter von 18 Jahren erleiden muss, ist dies für die Gesellschaft viel kostspieliger, als wenn ein erwachsener Arbeiter die selbe Krankheit oder Verletzung mit 50 Jahren, erleidet. Die junge Person nämlich, verliert über 30 Jahre der Produktivität und bekommt noch nicht einmal die Möglichkeit, die Kosten seiner Ausbildung zurückzuzahlen. Zusätzlich fallen für die eigene Familie, für die medizinische Versorgung, wahrscheinlich noch weitere Kosten an.

---

32 OSH in figures: Young workers – Facts and figures (Institute for Occupational Safety and Health, der Europäischen Agentur für Sicherheit und Gesundheitsschutz am Arbeitsplatz , 2006).

Obwohl eine geringfügige Belastung der Arbeiter mit Pestiziden oder Schwermetallen, wie Blei oder Quecksilber, oder auch chronische Müdigkeit keine erkennbaren Kosten verursachen, bleiben die jungen Arbeiter anfälliger für körperliche oder psychische Stressfaktoren. Letztendlich bleibt ihnen so weniger Energie, um zum Wachstum ihrer Nation beizutragen.
Nehmen Sie, zum Beispiel, Blei. Belastungen mit Blei stellen ein ernstes Risiko für das Gehirn in seiner Entwicklung und das Nervensystem dar. Eine Verbindung zwischen Beeinträchtigung von kognitiven Funktionen und Verhaltensstörungen konnte gefunden werden. Eine Analyse von 24 Studien fand heraus, dass der Kontakt mit Blei bei Kindern die neurologischen Funktionen und sogar den IQ beeinträchtigen kann. Bleiwerte unter 10µg/dl im Blut können schon wichtige Funktionen beeinträchtigen. Pro 10 µg/dl können 5,8 IQ Punkte verloren gehen.[33] Dies kann das Leben der Kinder, von früher Kindheit an bis in die Jugend hinein, stark beeinflussen.[34] Box 3.3 erläutert die wirtschaftlichen Kosten durch Bleibelastungen.

**Box 3.3    Die wirtschaftlichen Kosten der Bleibelastung von Kinderarbeitern**

> Forscher haben eine Methode entwickelt, die Größenordnung des Problems der Bleibelastung von Kinderarbeitern vom wirtschaftlichen Standpunkt aus zu beziffern. Dieses Schema legt fest, dass der Verlust eines IQ-Punktes letztendlich einer Gesamtherabsetzung des Einkommens im Verlauf des gesamten Lebens um 2,4 % gleichkommt. Wenn wir davon ausgehen, dass der Bleiblutgehalt bei einem Anstieg von 4 µg/dl dazu führt, den IQ um einen Punkt zu senken und wir annehmen, dass es keinen ultimativen Grenzwert gibt, so bedeutet jedes 1µg/dl Bleikonzentration eine Verminderung des IQ-Werts um 0,25 Punkte. Dies ist nicht nur für junge Arbeiter und ihren Lebensunterhalt von Bedeutung, sondern auch für die zukünftige Produktivität von Entwicklungsländern.
> 
> Quelle: Landrigan, P.J. et al. 2002. „Environmental pollutants and disease in American children: estimates of morbidity, mortality, and costs for lead poisoning, asthma, cancer, and developmental disabilities", in Environmental Health Perspectives, Vol. 110, Nr. 7, S.721-728.

---

[33]    H.L. Needleman und C.A. Gatsonis: „Low-level lead exposure and the IQ of children. A meta-analysis of modern studies", in Journal of the American Medical Association (1990), Vol. 263, Nr.5, S. 673-678.

[34]    D.C. Bellinger et al.: „Low-level lead exposure, intelligence and academic achievement: A long-term follow-up study", in Pediatrics (1992), Vol. 90, nr. 6, S. 855-861.

# 4 Der beste Weg zum Ziel

>> Im Jahr 2006 setzte der Vorstand der ILO das Jahr 2016 als Ziel. Bis dahin sollen die 183 Mitgliedsstaaten sich von den schlimmsten Formen der Kinderarbeit befreit haben. Der Vorstand war beunruhigt, dass die Dringlichkeit, die in der Konvention Nr. 182 deutlich gemacht wurde, letztendlich ignoriert werden und der bisher ungekannte Eifer, mit der die Konvention aufgenommen wurde, sich in Luft auflösen könnte.

Darum bot die Regierung der Niederlande in Kooperation mit der ILO an, im Mai 2010 eine Konferenz in Den Haag zu veranstalten, die den weltweiten Entwicklungsstand beurteilen sollte, um die Frist von 2016 einzuhalten.

**Box 4.1    Der Leitplan von Den Haag**

Einige Richtlinien:

- Regierungen sind die Hauptverantwortlichen bei der Durchsetzung des Rechts auf Bildung sowie bei der Beseitigung der schlimmsten Formen der Kinderarbeit; Sozialpartner, andere Zivilgesellschaften und internationale Organisationen nehmen eine wichtige Rolle in der Förderung und Unterstützung solcher Aktionen ein.

- Die Regierungen sollen die Verantwortung übernehmen und ihre Aufmerksamkeit den schwächsten Kindern und den Bedingungen, die für ihre Vulnerabilität verantwortlich sind, zukommen lassen.

- In einer globalisierten Wirtschaft sollten Regierungen ihre politische Aufmerksamkeit auch auf die Kinderarbeit in internationalen Lieferketten richten.

- Der potentiellen Verwundbarkeit von Kindern im Kontext der Migrationsbewegungen muss Aufmerksamkeit geschenkt werden.

- Die weltweite Bewegung gegen Kinderarbeit muss, sowohl durch traditionelle, als auch moderne Medien, gestärkt werden.

# Der beste Weg zum Ziel

Die über 500 Delegierten aus 97 Ländern, die der Konferenz beiwohnten, entschieden, dass erneut eine aktive Kampagne gegen die schlimmsten Formen der Kinderarbeit, vorangetrieben werden soll. Sie schlugen vor, einen Leitplan zu verfassen und die erforderlichen Schritte darzulegen, um zu gewährleisten, dass das Zieldatum 2016 eingehalten wird (Box 4.1). Gleichzeitig beschlossen sie, sich auf die gefährliche Kinderarbeit zu konzentrieren, was erwartungsgemäß große Wirkung zeigen könnte, da gefährliche Kinderarbeit oft als Synonym für die schlimmsten Formen der Kinderarbeit steht.[35]

Die Delegierten aus Den Haag unterstrichen unsere eindeutig moralische Verpflichtung, gefährliche Kinderarbeit zu beseitigen, um die zu beschützen, die unseren Schutz am meisten benötigen. Solange diese Verantwortung nicht übernommen wird, ist es, bis zu einer Realisierung der Rechte von Kindern und der damit verbundenen Millenniums-Entwicklungsziele, insbesondere der Bildung, der Gleichberechtigung der Geschlechter sowie HIV/AIDS, noch ein weiter Weg.

Neben ethischen Aspekten sprachen die Delegierten jedoch auch über wirtschaftliche Gesichtspunkte. Gefährliche Kinderarbeit vermindert das Humankapital eines Landes. Die Beseitigung gefährlicher Kinderarbeit kann daher, sowohl hohen gesellschaftlichen, als auch wirtschaftlichen Nutzen bringen. Länder können ihre Humanentwicklung vorantreiben und die Haushalte gleichzeitig aus dem Kreislauf der Armut ausbrechen.[36]

Damit dies in Zukunft möglich ist, so betonten die Delegierten, muss die Politik sich mit dem Thema befassen. Dringend benötigt wird: eine Bildungspolitik, die den Zugang zu und die Qualität von Schulen garantiert, sowie eine Beschäftigungspolitik (Arbeitsaufsicht eingeschlossen), die geregelte Arbeit für Erwachsene und Kinder über dem Mindestalter unterstützt.

---

35  IPEC: Accelerating action against child labour (Genf, ILO, 2010), S. 5.
36  IPEC: Roadmap for achieving the elimination of the worst forms of child labour by 2016, Konferenzbericht (Genf, ILO, 2010), S. 2.

# Der beste Weg zum Ziel

*Zusammenfassend hat die internationale Gemeinschaft ihre „Instruktionen" dargelegt:*

» im Jahr 1999 wurde die Dringlichkeit der Beseitigung der schlimmsten Formen von Kinderarbeit (Konvention Nr. 182) tituliert;
» im Jahr 2006 wurde 2016 als Frist für den Abschluss ihrer Arbeit festgesetzt (ILO Vorstand);
» im Jahr 2010 wurden die erforderlichen Schritte veröffentlicht (Den Haag Roadmap).

*Das Ziel könnte klarer nicht sein.*

# Teil 2

## >> Wissenschaft und Praxis: Was haben wir gelernt?

Im folgenden Abschnitt beschäftigen wir uns mit den wissenschaftlichen Erkenntnissen, die wir aus den Forschungsergebnissen über gefährliche Kinderarbeit ziehen können, sowie gelungenen Ansatzpunkten aus Evaluationsprojekten. Wie schon erwähnt, ist es nicht die Absicht dieses Schriftstücks zu „beweisen", dass bestimmte Arbeiten gefährlich sind oder zu demonstrieren, welche Interventionen besonders effektiv sind. Sein Zweck ist es eher zu betonen, dass gefährliche Bedingungen und Tätigkeiten einen tiefgehenden Einfluss auf das unmittelbare Befinden und die langfristige Gesundheit und Produktivität eines Kindes haben; und zur gleichen Zeit aufzuzeigen, dass die Situation nicht hoffnungslos ist. Wir können etwas tun.

Kapitel 5 geht auf die verschiedenen Industriesektoren ein, in denen Kinder unter gefährlichen Bedingungen arbeiten. Wir unterstellen nicht, dass die vorgestellten Sektoren die Schlimmsten sind, es sind lediglich Beispiele. Durch Erläuterungen, welche Art der Arbeit die Kinder in den jeweiligen Sektoren gewöhnlich leisten und die Präsentation besonders überzeugender Forschungsergebnisse über die gesundheitlichen Folgen von Kinderarbeit, hoffen wir zeigen zu können, dass viele Gefahren bestehen, die auf den ersten Blick nicht ersichtlich sind.

Natürlich dürfen wir nicht vergessen, dass diese Sektoren nicht die Einzigen mit nennenswerten Gefahrenfaktoren sind. In jedem Sektor gibt es Tätigkeiten oder Bedingungen, die für junge Menschen verboten sein sollten. Zur gleichen Zeit weisen die meisten Sektoren – aber nicht alle – Tätigkeiten auf, die sicher genug sind, um von jungen Menschen über dem Mindestalter verrichtet zu werden. Wichtig ist, sich daran zu erinnern, dass eine Arbeit viele Gefahren aufweisen kann, die eng zusammenhängen und das Zeitdruck und Erschöpfung die Risiken in allen Industrien vergrößern kann.

*Kind amalgiert Golderz* © David Parker

# Erkenntnisse über gefährliche Kinderarbeit in den verschiedenen Sektoren

## > Landwirtschaft

Die Landwirtschaft ist der Sektor mit der größten Anzahl von Kinderarbeitern. Es ist jedoch auch der Bereich, indem die meisten Verbesserungen erzielt werden können. Im Großen und Ganzen, sind nämlich die Chancen auf menschenwürdige Arbeit für Kinder und Jugendliche, die das gesetzliche Mindestalter erreicht haben, auf dem Land am Größten. Natürlich dürfen wir nicht vergessen, dass die Feld- und Forstwirtschaft ernstzunehmende Risiken für Kinder birgt, doch diese Industrie für Kinder allen Alters zu verbieten, ist auch keine Lösung.

Viele Arten der Farmarbeit können sich sogar positiv auf Kinder auswirken, da sie Erfahrungen sammeln können und technische Fähigkeiten vermittelt bekommen. Aufgrund der großen Anzahl von Betroffenen und dem Wert der Industrie für die Familien und nationale Wirtschaft, stellt es sich als sehr schwierig dar, zu unterscheiden, welche Aufgaben, welche Arbeitsbedingungen, welche Produkte und welche Werkzeuge als gefährdend einzuordnen sind. Eine Herausforderung ist es ebenfalls, Eltern und Politiker gleichermaßen zu unterstützen, die notwendigen Schritte zu ergreifen, um Kinder vor den Gefahren der Landarbeit zu schützen.

### *Ausmaß und Gefahren*

Ist die familieneigene Farm ein sicherer Arbeitsplatz? Kann ein Kind Arbeiten auf der Farm mit Schularbeiten vereinbaren? Was vor Jahren galt, kann heute ganz anders sein, denn mit der Globalisierung ändert sich das Profil von Kinderarbeit in der Landwirtschaft zusehends. Bauern in Entwicklungsländern, die Subsistenzwirtschaft betreiben, benutzen Chemikalien, die in großen Plantagen angewendet werden zum Beispiel auch in ihren eigenen Betrieben und so führen mangelnde Kenntnisse und Warnhinweise in fremder Sprache zu neuen Problemen.[37]

---

37  L. Goldmann et al.: Childhood pesticide poisoning: Information for advocacy and action (Châtelaine, UNEP, 2004).

## Erkenntnisse über gefährliche Kinderarbeit

Der größte Gefahrenfaktor in entwickelteren Ländern ist die Benutzung motorisierter Geräte (Traktoren, Ladern, Motorsägen), denn obwohl Jugendliche über die Gefahren wissen, sorgen mangelndes Urteilsvermögen und Ungeduld stets für ein gewisses Risiko.

Wo Bauern der Vertragslandwirtschaft für den internationalen Markt (Zucker, Bananen, Blumen, Kakao, Tabak, Tee, Kaffee) produzieren, werden Kinderarbeiter möglicherweise giftigen Substanzen ausgesetzt, die für den Industriezweig typisch sind, wie z.b. Methylbromid, ein besonders giftiges Pestizid, welches in der Blumenindustrie Verwendung findet.[38] Für Verletzungen sorgen auch die scharfkantigen, traditionellen Werkzeuge, die in den industriellen Ablauf, wie in der Kakaoproduktion, eingegliedert werden; oder die Verwundungen und Krankheiten werden von Pflanzen selbst, wie beim Ernten der scharfen Blätter der Sisalpflanze, verursacht.

**Tabelle 5.1 Ausgewählte Liste von gewöhnlichen Tätigkeiten, Gefahren und deren mögliche Konsequenzen in der Landwirtschaft**

| *Tätigkeit* | *Gefahren* | *Verletzungen und mögliche gesundheitliche Folgen* |
|---|---|---|
| Verladen und Transport von Erzeugnissen oder Wasser | Schwere Lasten | Deformationen an Gelenk und Knochen; mit Blasen bedeckte Hände und Füße; Risswunden, Rücken- und Muskelverletzungen |
| Klettern auf Bäume zum Ernten von Früchten | Gefährliche Höhen; rutschige Oberflächen; instabile Leitern | Tödliche oder nicht tödliche Verletzungen, eingeschlossen gebrochene Knochen, Schädelbrüche und Kopfverletzungen |
| Sammeln von Viehfutter | Schwere Lasten; Dornen und scharfe Gegenstände | Blasige Hände und Füße; Risswunden; Rücken- und Muskelverletzungen |

---

38  IPEC: Ecuador: Trabajo infantil en la floricultura, Rapid Assessment Nr. 35 (Genf, ILO, 2000).

## in den verschiedenen Sektoren

| *Tätigkeit* | *Gefahren* | *Verletzungen und mögliche gesundheitliche Folgen* |
|---|---|---|
| Verladen und Transport von Erzeugnissen oder Wasser | Schwere Lasten | Deformationen an Gelenk und Knochen; mit Blasen bedeckte Hände und Füße; Risswunden, Rücken- und Muskelverletzungen |
| Sammeln, Aufbereiten und Verteilen von Düngemitteln | Bakterien, Parasiten und andere Mikro-Organismen | Bakterielle sowie parasitäre Infektionen und Krankheiten; Hautausschläge und andere Hautentzündungen; Asthma und Atemschwierigkeiten; Augenreizung |
| Jäten und Ernten | Dornen; gekrümmte Haltung; Überstunden; Insekten und Tiere; biologische Giftstoffe | Rücken- und Muskelverletzung; Risswunden; Blasen; Erschöpfungszustände; Vergiftungen, wie die sogenannte „Green Tobacco Sickness" |
| Pflege von Farmtieren | Tritte; Bisse; Bruzellose; Anthrax | Kopftrauma und Knochenbrüche durch Tritte; Infektionen von Bissen; Kraftlosigkeit durch Bruzellose; bakterielle oder virale Infektionen, die zum Tod oder ernsthaften Verletzungen führen |
| Der Umgang, das Anmischen und das Versprühen von Agrarchemikalien | Giftige Chemikalien | Hautausschläge und andere Arten von Hautentzündungen; allergische Reaktionen; Atemschwierigkeiten; Reizung der Augen; chemische Vergiftungen; Schäden an der Leber; nervliche und neurologische Störungen; Krebs; Beeinträchtigung der Fruchtbarkeit bei Männern und Frauen |

# Erkenntnisse über gefährliche Kinderarbeit

| Tätigkeit | Gefahren | Verletzungen und mögliche gesundheitliche Folgen |
|---|---|---|
| Verladen und Transport von Erzeugnissen oder Wasser | Schwere Lasten | Deformationen an Gelenk und Knochen; mit Blasen bedeckte Hände und Füße; Risswunden, Rücken- und Muskelverletzungen |
| Benutzung von motorisierten oder scharfkantigen Werkzeugen | Schlechter Zustand der Werkzeuge; Mangel an Sicherheitsvorkehrungen; scharfe Klingen; schwere Lasten; hoher Geräuschpegel; Fehlfunktionen an der Stromversorgung; schlechte Belüftung | Amputation von Fingern, Zehen und Gliedmaßen; lärmbedingter Gehörverlust; Augenverletzungen und Blindheit; Stromschlag; Kohlenmonoxid Vergiftung |
| Fahren von Traktoren oder anderen Farmmaschinen | Schlechter Zustand von Fahrzeugen oder Maschinen; Mangel an Sicherheitsverkehrungen; schnell bewegende Klingen; laufende Fließbänder; unebener Untergrund oder Schlamm | Ernsthafte Verletzungen oder Tod durch Fahrzeugkollisionen und umgestürzte Traktoren; Verlust von Fingern oder Gliedmaßen durch die unmittelbare Nähe, zu bewegenden Teilen; Hineinziehen von Körperteilen in oder unter die Triebwerke |
| Arbeit im Freien allgemein | Extremen Wetterbedingungen; Sonne; Insekten; wilde Tiere; Parasiten; Wassermangel | Erfrierung, Sonnenstich und andere thermische Belastungen; Dehydrierung; Schlangen- und andere Bisse; Malaria und andere durch Moskitos übertragene Krankheiten; Erkrankungen durch verschmutztes oder abgestandenes Wasser |

## in den verschiedenen Sektoren

### Wissenschaftliche Beweise

In der Landwirtschaft konzentrieren sich viele der neuesten Studien auf den Einfluss von Pestizidbelastungen auf die Gesundheit. Pestizidvergiftungen werden oft nicht gemeldet, da die Farmer (und Gesundheitsarbeiter) die Symptome in den meisten Fällen nicht erkennen.

Die Beweise, die wir haben, entnehmen wir größtenteils dem nationalen Monitoringsystem der Industrienationen. Schockierend ist dabei jedoch vor allem, dass, obwohl Entwicklungsländer nur 25% des weltweiten Anteils von Pestiziden benutzen, der Prozentsatz von Todesfällen durch Pestizide bei 99% liegt.[39] Dies legt Nahe, dass der Mangel an Wissen zur ordnungsgemäßen Benutzung von Pestiziden der entscheidende Faktor ist.

Ein Indikator für das Ausmaß der hohen Dunkelziffer von Meldungen über Pestizidvergiftungen stellt eine Beobachtungsstudie aus sieben lateinamerikanischen Nationen dar. Im Jahr 2000 berichtete diese Studie von 816 bestätigten Vergiftungsfällen (5,7 pro Bevölkerung von 100.000 Menschen) mit 27 Todesfällen (0,2 pro Bevölkerung von 100.000 Menschen) bei Kindern unter 15 Jahren. Trotzdem wurde die Mehrheit der Fälle nicht aufgedeckt.[40]

Eine andere lateinamerikanische Beobachtungsstudie, die sich damit beschäftigte, die Dunkelziffer von Vergiftungen festzustellen, schätzte, dass mehr als 18.000 Fälle von akuter Vergiftung durch Pestizide bei Kindern von 5-14 Jahren in einem Zeitraum von 10 Jahren vorkamen.[41]

---

39  J. Jeyaratnam et al.: „Acute pesticide poisoning: A major global health problem", in World Health Statistics Quaterly (2000), Vol. 43, Nr. 3, S.139-144.
40  S. Henao und M. Arbelaez: „Epidemiological situation of acute pesticide poisoning in the Central America Isthmus, 1992-2000", in Epidemiology Bulletin (2002), Vol. 23, S. 5-9.
41  M. Corriols und A. Aragón: „Child labour and acute pesticide poisoning in Nicaragua: Failure to comply with children's rights", in International Journal of Occupational and Environmental Health (2010), Vol. 16, Nr. 2, S. 193-200). NIOSH: Pesticide illness & inury surveillance (24. April 2009).

## Erkenntnisse über gefährliche Kinderarbeit

Die US Environmental Protection Agency sprach von 10.000-20.000 medizinisch diagnostizierten Vergiftungen, die in den USA pro Jahr unter Landarbeitern auftreten,[42] warnt aber gleichzeitig, dass diese Zahl nur für einen Bruchteil der tatsächlichen Vergiftungen steht.[43]

Eine andere US amerikanische Studie untersuchte vor allem junge Arbeiter und fand heraus, dass in einem Zeitraum von 10 Jahren, 531 akute berufsbedingte Pestizidvergiftungen auftraten und beinahe ein Viertel der Betroffenen unter 13 Jahre alt war. Die Prävalenz pro Jahr unter Kindern von 15-17 Jahren, die in der Landwirtschaft beschäftigt waren, lag bei 196,9 pro Milliarde Arbeitsstunden; zum Vergleich, in anderen Sektoren lag die Rate bei 7,0 pro Milliarde Arbeitsstunden. Die Studie schloss damit, dass das Risiko einer akuten berufsbedingten Vergiftung durch Pestizide bei jungen Arbeitern höher lag, als bei Erwachsenen.[44]

Obwohl noch nicht hinreichend erforscht, wird die andauernde Belastung mit Pestiziden in geringen Dosen mit chronischen Gesundheitsproblemen bei Kindern, wie Krebs und Schädigung der Fruchtbarkeit, in Verbindung gebracht.[45] [46] [47] Durch Belastungen mit Pestiziden erhöht sich das Risiko von Krebs während der Kindheit (eine Fall-Kontroll-Studie bei Kindern unter 15 Jahren befand das Risiko von Weichteilsarkomen[48] um viermal höher und

---

42 NIOSH: Pesticide illness & inury surveillance (24. April 2009)
43 Zusätzlich zu den Schwierigkeiten vor denen Farmarbeiter stehen, um Zugang zu irgend einer Art der medizinischen Versorgung zu gelangen, werden Krankheiten unter Umständen falsch diagnostiziert oder nicht in das Dokumentationssystem aufgenommen. G. Galvert et al.: „Acute pesticide-related illnesses among working youths, 1988-1999", in American Journal of Public Health (2003), Vol 93, S. 605-610.
44 G. Galvert et al.: „Acute pesticide-related illnesses among working youths, 1988-1999", in American Journal of Public Health (2003), Vol. 93, S. 605-610.
45 ebd.
46 X. Ma et al.: „Critical windows of exposure to household pesticides and risk of childhood leukemia", in Environmental Health Perspectives (2002), Vol. 100, S. 955.
47 J.L. Daniels et al.: „Residential pesticide exposure and neuroblastoma", in Epidemiology (2001), Vol. 12, S. 20.
48 Weichteilsarkome sind bösartige (karzinomatöse) Tumore, die sich in Geweben entwickeln, die mit anderen Strukturen und Organen des menschlichen Körpers, verbunden, umgeben oder von ihnen unterstützt werden, z.B. wie Muskeln, Sehnen,

## in den verschiedenen Sektoren

die Wahrscheinlichkeit an Leukämie zu erkranken fast verdreifacht) sowie das Risiko im späteren Lebensverlauf an Krebs zu erkranken.[49] Eine Verminderung der Fruchtbarkeit konnte, zum Beispiel, durch eine Querschnittstudie unter jungen, arbeitenden Jungen, die dem Insektizid Endosulfan chronisch ausgesetzt wurden, bewiesen werden. Im Vergleich zu einer Kontrollgruppe von Jungen, die keiner Insektizidbelastung ausgesetzt waren, erfuhren sie Komplikationen in der geschlechtlichen Entwicklung, wie eine abnormale Testosteronproduktion und eine Verzögerungen der Geschlechtsreife.[50]

Besonders besorgniserregend sind Studien, die zeigen, dass die neurologische Entwicklung von Jugendlichen durch die Belastung mit Pestiziden beeinflusst wird. Eine Schädigung des Nervensystem kann den Intelligenzquotienten verringern und zu Verhaltensanomalien im späteren Leben führen.[51] Dies wurde mit einer Querschnittstudie arbeitender Jugendliche aus Brasilien bewiesen, die herausfand, dass Jugendliche, die organophosphaten Pestiziden ausgesetzt waren, erhebliche motorische Probleme und Aufmerksamkeitsdefizite aufwiesen. Auch wurde entdeckt, dass die Belastung bei Kindern, der jüngsten Kategorie, nämlich der Zehn- und Elfjährigen, am höchsten war.[52]

Eine weitere Querschnittsstudie aus der Baumwollindustrie, für die eine Gruppe Kinder, die mit Pestiziden in Berührung waren, mit einer Kontrollgruppe nichtarbeitender Kinder gleichen Alters und Bildungsniveau verglichen wurde, zeigte auf, dass diese mit Kontakten zu Pestiziden eher an Nerven- und Verhaltensstörungen litten.

---

Fett, Nerven oder Blutgefäße.

49 S.H. Zahm und M.H. Ward: „Pesticides and childhood cancer", in Environmental Health Perspectives (1998), Vol. 106, Suppl. 3, S. 893-908.
50 H. Saiyed et al.: „Effect of endosulfan on male reproductive development", in Environmental Health Perspectives (2003), Vol. 111, Nr. 16, S. 1958-1962.
51 L. Rosenstock et al., Pesticide Health Effects Study Group: „Chronic central nervous system effects of acute organophosphate pesticide intoxication", in Lancet (1991), Vol. 338, Nr. 8761, S. 223-227.
52 D.A. Eckerman et al.: „Age related effects of pesticide exposure on neurobehavioral performance of adolescent farm workers in Brazil", in Neurotoxicology and Teratology (2007), Vol. 29, Nr. 1, S. 164-175.

# Erkenntnisse über gefährliche Kinderarbeit

Dazu gehörten zum Beispiel verschwommene Sicht, extreme Benommenheit, Kopfschmerzen, Konzentrationsprobleme, Gedächtnisprobleme, Verständnisschwierigkeiten, Gefühle der Niedergeschlagenheit, Reizbarkeit und Gefühllosigkeit.[53]

Doch nicht nur Pestizide stellen ein Risiko dar. Eine Feldstudie unter Kinderarbeitern auf einer Tabakfarm ergab, dass auch Kinder bereits an der sogenannten „Green Tobacco Sickness" erkranken, eine Vergiftung, die auftritt, wenn Nikotin aus dem Tabak durch die Haut aufgenommen wird. Bei Nässe können Kinderarbeiter bis zu 54 Milligramm gelöstes Nikotin pro Tag aufnehmen, was einer Menge von 50 Zigaretten entspricht.[54][55]

Forschungen haben gezeigt, dass landwirtschaftliche Arbeit, was Verletzungen anbelangt, besonders gefährlich für Jugendliche (Box 5.1) ist. Die folgenden Befunde stammen aus einer Auswahl an Studien. Wie in *Kapitel 2* vermerkt, sind tödliche Verletzungen bei Jugendlichen zwischen 15-17 Jahren, die in der Landwirtschaft beschäftigt sind, 4,4 mal wahrscheinlicher, als bei Kinderarbeitern anderer Sektoren (US Daten aus dem Jahr 2000).[56]

Zwischen 2004 und 2008 starben in den USA über 40 Kinder unter 18 Jahren an berufsbedingten Verletzungen in der Landwirtschaft – 27 Prozent aller Todesfälle am Arbeitsplatz (US Daten).[57] Auch in Europa ist die Rate

---

53    G.M. Abdel Rasoul et al.: „Effects of occupational pesticide exposure on children applying pestic ides", in Neurotoxicology (2008), Vol.29, Nr. 5, S. 833-888.

54    Plan Malawi: „Preface", in Hard work, long hours, and little pay (Lilongwe, Malawi, 2008). Anmerkung: Durchschnittliche Nikotinwerte pro Zigarette variieren in verschiedenen Ländern und bei unterschiedlichen Zigarettenmarken; gewöhnliche Nikotinwerte von etablierten Unternehmen bewegen sich zwischen 0,6 und 1,5 mg pro Zigarette.

55    T.A. Arcury et al.: „The incidence of green tobacco sickness among Latino farmworkers", in Journal of Occupational and Environmental Medicine (2001), Vol 43, Nr. 7, S. 601-609.

56    US Department of Labor, Büro für Arbeitsstatistiken: Report on the youth labor force (November 2000), S. 58. Hier erhältlich: http://www.bls.gov/opub/rylf/pdf/rylf2000.pdf (Stand: 4.Februar 2011).

57    NIOSH: Child fact sheet on agriculture and injuries, annual report (Washington, DC, 2008).

## in den verschiedenen Sektoren

von Todesfällen junger Arbeiter in der Landwirtschaft am Höchsten. Auf Bauernhöfen mit weniger als 10 Beschäftigen,[58] meist Familienbetriebe, ist die Anzahl berufsbedingter Verletzungen (tödlich und nicht tödlich) dabei höher, als in größeren Betrieben.

**Box 5.1**

„Kinder, die Kohl im südöstlichen Michigan ernteten, zeigten uns frische Schnitte, die sogar durch ihre Handschuhe gingen. Robert L. [16 Jahre], dessen Hände mit Narben übersät waren ... arbeitete mit einem 15 cm langem Messer. ‚Du schneidest dich damit wohl oder übel', sagte er. Andrea C. [17 Jahre] zeigte uns zwei frische Einstichstellen und sagte, ... Manchmal arbeitest du so eilig und bemerkst es nicht und dann Aua!'"

„ ... ‚[Als ich 12 war] gaben sie mir mein erstes Messer. Woche für Woche schnitt ich mich damit. Jede Woche bekam ich eine neue Narbe. Meine Hände können viele Geschichten erzählen.' (Jose M., 17 Jahre alt, Michigan, 24. August 2009)"

*Quelle: Human Rights Watch. 2010. Fields of peril: Child labour in US agriculture, Kapitel VII (New York).*

Selbst wenn Unfälle in der Landwirtschaft nicht tödlich ausgehen, bleiben die jungen Leute trotzdem allzu oft dauerhaft behindert, was besonders schädigend für sie selbst und ihre zukünftige Produktivität für die Gesellschaft ist.[59] Laut europäischen Angaben geht die Unfallrate unter jungen Arbeitern langsamer zurück, als bei allen anderen Altersgruppen.

In Frankreich zum Beispiel sind unter all den Unfällen in der Landwirtschaft jugendliche Arbeiter mit einer Wahrscheinlichkeit von 36% beteiligt. Diese Zahl veränderte sich von 2000 bis 2003 nicht.[60]

---

58 OSH in figures: Yount workers – Facts and figures (Institute for Occupational Safety and Health, for the European Agency for Safety and Health at Work, 2006), S. 144. Hier erhältlich: http://osha.europa.eu/en/publications/reports/7606507.
59 R. Belville et al.: „Occupational injuries among working adolescents in New York State", in Journal of the American Medical Association (1993), Vol. 269, Nr. 21, S. 2760.
60 OSH in figures: Young workers – Facts and figures (Institute for Occupational Safety and Health, for the European Agency for Safety and Health at Work, 2006), S. 144.

## Erkenntnisse über gefährliche Kinderarbeit

Auch Belege aus anderen Regionen der Welt zeigen, dass Kinder und junge Arbeiter in der Landwirtschaft schwerwiegenden Risiken ausgesetzt werden. Daten einer groß angelegten Studie von den Philippinen erwiesen, dass die Wahrscheinlichkeit einer ernsthaften Verletzung, bei Kinderarbeitern in der Landwirtschaft fünf mal größer, als bei Kinderarbeitern anderer Industriezweige, ist.[61]

Eine prospektive Kohortenstudie aus Polen fand heraus, dass die Mehrheit der Farmarbeiter im Alter von 12-14 Jahren, nach nationalen Gesundheitsstandards, gefährliche Arbeiten verrichten musste, bei der sich annähernd 14% der Kinder verletzten.[62][63] Und obwohl Unfälle und Chemikalien vermutlich für den größten Anteil der Gesundheitsschädigungen verantwortlich sind, ist es auch wichtig, chronische Gefährdungen, wie Stress und Lärm nicht zu ignorieren.

Eine prospektive Kohortenstudie unter Jugendlichen, die auf Farmen in den USA arbeiteten fand heraus, dass die Belastung mit Lärm von lauten Maschinen über einen Zeitraum von 8 Jahren hinweg, bei mehr als einem Drittel der Kinderarbeiter zum Hörverlust führte.[64]

Im Hinblick auf diese Daten ist es aufgrund der Vielfalt an Tätigkeiten und Gefahren in der Landwirtschaft wichtig, geschlechtsspezifische Gutachten einzuholen, somit die Risiken besser zu verstehen und Lösungswege zu finden, von denen Erwachsene und Kinder gleichermaßen profitieren können.

---

61     C. Libao Castro: Child sakadas in Philippine agriculture: Researching injury hazards for working children in the context of international labor standards and United States foreign policy. Dissertation, George Washington University, 2007.

62     Bei einer prospektiven Kohortenstudie wird eine Gruppe von Individuen angeworben und für einen bestimmten Zeitraum überwacht. So können die Entwicklungen von Krankheiten oder Gesundheitszuständen überprüft und mit anderen Tatbeständen, wie mutmaßlichen Risiken oder Schutzfaktoren, verglichen werden.

63     S. Lachowski: „Engagement of children in agricultural work activities: Scale and consequences of the phenomenon", in „Annals of Agricultural and Environmental Medicine (2009), Vol. 16, Nr. 1, S. 129-135.

64     K.M. Renick et al.: „Hearing loss among Ohio farm youth: A comparison to a national sample", in American Journal of Industrial Medicine (2009), Vol. 52, Nr. 3, S. 233-239.

# in den verschiedenen Sektoren

Dabei ist es entscheidend, bessere Regelungen zur Sicherheit und Gesundheit für Berufe der Landwirtschaft (auch durch die Ratifizierung und Umsetzung der ILO Konvention Nr. 184) zu finden und diese auch national umzusetzen, um betroffene Kinder vor einem Teil der Gefahren zu bewahren. Aufklärungskampagnen, die auch die ländlichen Gebiete erreichen und über spezifische Risiken, wie die falsche Benutzung von Pestiziden und schweren Maschinen informieren, könnten einen erheblichen Beitrag bei der Beseitigung von gefährlicher Kinderarbeit in der Landwirtschaft leisten.

## *> Fischerei und Aquakultur*

Unter dem Begriff der Fischerei versteht man das Fangen wilden Fisches, während in Aquakulturen, Fische, Meeresalgen und andere Wasserorganismen lokal herangezogen werden. Die Fischereiindustrie umfasst ein weites Arbeitsspektrum – von schweren industriellen Fertigungsbetrieben auf See bis hin zu gemächlichem Angeln im heimischem Fluss.

In ersteren sind Kinder jedoch selten involviert, denn wie die Landwirtschaft, ist die Fischerei oft ein Geschäft, an dem die ganze Familie beteiligt ist und in dem Kinder Seite an Seite mit ihren Eltern arbeiten.

### *Ausmaß und Gefahren*

Die Fischerei umspannt ein weites Tätigkeitsgebiet von gefährlicher Arbeit bis hin zu leichter Arbeit, die unter bestimmten Umständen sogar für Kinder geeignet ist. An Land gibt es Arbeiten am Dock, wie das Heben von Netzen und Fischbehältern, die Reparatur von Netzen, die Wartung von Schiffen und das Putzen sowie die Verarbeitung von Fisch (z.B. Räuchern, Trocknen).

Auf See ist grundlegende Mannschaftsarbeit, wie das Auslegen der Netze, Angeln oder Tauchen gefordert. Kinder sind an all diesen Arbeiten beteiligt, wo lange Arbeitszeiten, extreme Temperaturen und raues Wetter die Regel sind. Mädchen werden jedoch eher zur Verarbeitung des Fischs eingesetzt, während die Jungen die Arbeiten rund um das Fangen des Fischs überneh-

## Erkenntnisse über gefährliche Kinderarbeit

men. Geschlechtliche Rollentrennungen dieser Art werden in der Fischerei besonders deutlich, da Gefährdungen und Risiken sich für Jungen und Mädchen unterscheiden.

Die Beurteilung der Risiken muss deshalb mit besonderer Aufmerksamkeit auf die Geschlechter vollzogen werden. Um eine Vorstellung für das Ausmaß von Kinderarbeit in der Fischerei zu bekommen, kann man davon ausgehen, dass Kinder unter 15 Jahren, in einem afrikanischem Land, ein Drittel der Arbeitskraft in der Fangwirtschaft, beim Reparieren und Bauen der Boote, der Fischverarbeitung und dem Handel darstellen.[65]

Zu den gefährlicheren Tätigkeiten, für die Kinder in der Fischerei eingesetzt werden, zählen: nächtliches Abspringen von bewegenden Booten, um die Netze in Position zu bringen; Arbeitszeiten von 10-12 Stunden am Tag ohne Sonnenschutz; und das wochenlange Leben und Arbeiten auf kleinen Fischerplattformen auf hoher See.

Kinder in der Fischereiindustrie haben Wunden von Knochen, Haken und scharfen Finnen; sind mit dem Risiko einer Vergiftung von giftigem Fisch oder Seeschlangen konfrontiert; könnten sich in Seilwinden; Netzen, Schlingen, oder Leinen verfangen oder von Ruderblättern getroffen werden.[66]

---

65  ILO: Conditions of work in the fishing sector: A comprehensive standard (Convention supplement by a Recommendation) on work in the fishing sector, Report V(1) (Genf, 2003).

66  P. Markkanen: „Dangers, delights, and destiny on the sea: Fishers along the east coast of northern Sumatra, Indonesia", in New Solutions (2005), Vol. 15, Nr. 2. S. 113-133.

## in den verschiedenen Sektoren

**Tabelle 5.2** Ausgewählte Liste von gewöhnlichen Tätigkeiten, Gefahren und möglichen Konsequenzen in der Fischerei

| *Tätigkeit* | *Gefahren* | *Verletzungen und mögliche gesundheitliche Folgen* |
|---|---|---|
| Sortieren, Abladen und Transportieren des Fangs | Schwere Gewichte; mächtige Maschinen mit beweglichen Teilen | Deformationen an Gelenken und Knochen; blasige Hände und Füße, Risswunden; Rücken- und Muskelverletzungen; Abtrennung von Fingern, Zehen und Gliedmaßen; lärmbedingter Gehörverlust |
| Kochen auf Schiffen | Scharfe Klingen; Öfen in schlechtem Zustand | Schnitte; Verbrennungen |
| Tauchen nach verschiedenen Meerestieren, um verhakte Netze freizubekommen oder um Fische in die Netze zu jagen | Tiefes Wasser; gefährliche Fische; Schiffsschrauben; Fischernetze; Verfangen in Netzen | Ertrinken; Sauerstoffmangel; Druckfallbeschwerden; Schwindel, Emphyseme; Bisse oder Stiche von Fischen; Hörverlust durch Ohrinfektionen oder rapiden Druckverlust |
| Aktives Fischen; Heben von Fang an Board | Schwere Lasten; scharfe Gegenstände | Blasige Hände und Füße; Risswunden; Rücken- und Muskelschmerzen; Fischvergiftungen |
| Putzen von Fisch und Schalentieren; Verarbeitung; Räucherung oder Verkauf von Fischen | Spitze Werkzeuge; langes Stehen oder gebeugtes Arbeiten | Blasige Hände und Füße; Risswunden; Rückenschmerzen und andere Belastungen des Bewegungsapparats; Erschöpfung |
| Reparieren der Netze und Schiffe | Scharfkantige oder schwere Werkzeuge | Blasige Hände und Füße, Risswunden |
| Pflege von Aquakulturen | Präparate zum Bekämpfen von Krankheiten; Moskitos | Verletzungen durch Fallen; Ertrinken; Malaria oder Denguefieber; Pestizidvergiftung |

# Erkenntnisse über gefährliche Kinderarbeit

| Arbeiten auf Booten und auf See im allgemeinen | Überfüllte Boote; tiefes Wasser; kaltes Wasser; verschmutztes Wasser; rutschige Gänge; Rauch und andere Gerüche; laute Geräte; Mangel an Frischwasser; lange Arbeitszeiten | Ertrinken; Unterkühlung; Übelkeit, Klaustrophobie; Schistosomiasis; Guinea-Wurm und ähnliche parasitäre Infektionen; körperlicher oder emotionaler Missbrauch; Erschöpfung; Hunger; Dehydrierung |
|---|---|---|
| Lange Zeit auf See, auf Booten oder Fischereiplattformen | Sexueller Missbrauch; Einschüchterung; nachdrückliche Beeinflussung und Ermutigung der Kinder, sich erwachsen zu benehmen | Geschlechtskrankheiten; Alkoholismus; Drogenkonsum und Rauchen; vermindertes Selbstwertgefühl |

## *Wissenschaftliche Beweise*

Es gibt zwar sehr deutliche Anhaltspunkte für Kinderarbeit in der Fischerei (Box 5.2), leider aber nur wenige konkrete Daten über die gesundheitlichen Auswirkungen. Eine sehr genaue Studie aus Ostafrika fand heraus, dass mehr als 70% der Kinder, die in diesem Sektor beschäftigt sind, in den vorangegangenen 6 Monaten verletzt oder krank wurden.[67]

Eine weitere Studie, die Kinder aus der Fischereiindustrie mit einer Kontrollgruppe nicht arbeitender Kinder verglich, ergab, dass die Fischer an größeren Gesundheitsbeschwerden litten, als die Kontrollgruppe.

Krankheiten, wie Hautschädigungen aufgrund von Pilzinfektionen, eiternde Wunden, Schmerzen am Bewegungsapparat, ernsthafte Schnitte, blaue Flecken, Verbrennungen, Bindehautentzündungen, Trachoma und orale submuköse Fibrose sind weit verbreitet.

---

[67] E.J. Walakira: „Child labour in fisheries and aquaculture in East Africa: With a deeper insight into the Uganda case", Presentation des FAO Workshops über Kinderarbeit in der Fischerei und in Aquakulturen, Rom, 14.-16. April 2010.

## in den verschiedenen Sektoren

Die meisten dieser Kinder arbeiteten pro Tag mehr als 10 Stunden und mehr als 95% beschweren sich über zu wenig Schlaf.[68]

**Box 5.2**

„Ich bin jetzt 15 Jahre alt und als ich die weiterführende Schule abgeschlossen hatte, verließ ich die Schule. Ich fahre jetzt auf See, um mit meinem Onkel Fische zu fangen. Er hat nicht genügend Arbeiter für sein Fischerboot, deshalb hat er mir erlaubt für ihn zu arbeiten. Er zahlt mir 500 000 VND pro Monat und gibt das Geld direkt meiner Mutter, nicht mir. Manchmal gibt mir mein Onkel auch ein wenig Geld, das ich alleine ausgeben kann.
Auf dem Fischerboot meines Onkels sind 3 Arbeiter, nämlich mein Onkel, sein Sohn (16 Jahre) und ich. Jede Nacht um 22 Uhr dauert es ungefähr zwei Stunden, um mit dem Boot auf See zu fahren bis wir einen Platz finden, wo wir die Netze auslegen können (wir müssen heutzutage weit rausfahren, um den Fisch zu finden). Sobald wir einen passenden Platz gefunden haben, legen mein Cousin und ich die Netze aus und benutzen eine Schnur, um das Wasser aufzumischen, damit Fische angezogen werden und sich im Netz verfangen. Endlich holen wir die Netze wieder ein. Die Netze sind sehr schwer und schneiden uns, wenn wir unachtsam sind, leicht in die Finger. Um die Mittagszeit am nächsten Tag erreichen wir die Küste und schlafen bis zum späten Nachmittag. Ich esse zu Abend, schaue fern, geh bis 22 Uhr irgendwohin und beginne meine Arbeit am nächsten Tag erneut. Ich habe nur frei, wenn die See zu stürmisch oder mein Onkel mit Familienfesten beschäftigt ist.
… Ich habe die Schule verlassen und will nicht mehr lernen. Ich weiß nicht, was ich außer Fischen auf See tun kann. Ich hoffe, dass ich irgendwann in der Lage sein werde, mein eigenes Fischerboot zu kaufen.")
Quelle: IPEC. 2009. *Working children situationn in eight provinces/Cities of Vietnam (Hanoi, ILO).*

Die Literatur beschreibt ein paar besonders betrübliche Formen von gefährlicher Kinderarbeit in der Fischerei, diese sind aber meist auf einen Ort beschränkt. Beispiele aus Südostasien sind: „muro-ami", wo Kinder mehrere Meter tauchen müssen, um die Fische zu erschrecken und ins Netz zu jagen; die Benutzung von Cyanid, um Aquariumfische aus den Riffen zu entnehmen;

---

68   P. Markkanen: „Dangers, delights, and destiny on the sea: Fishers along the east coast of northern Sumatra, Indonesia", in New Solutions (2005), Vol. 15, Nr. 2, S. 113-133.

# Erkenntnisse über gefährliche Kinderarbeit

„pa'aling", eine Art der Fischerei mit Pressluft; große Zeitspannen auf Fischereiplattformen einige Kilometer vor der Küste verbringen; und das Aufnehmen von Shrimplarven durch das Schlucken von Seewasser sowie anschließendes Spucken in einen Container. Dies führt zu einer Infektion der Augen, der Haut und des Magen-Darm Bereichs, was durch verschmutztes Wasser verursacht werden kann.[69]

> *Häusliche Arbeit*

Im Moment debattieren die Mitgliedsstaaten der ILO über internationaler Standards bezüglich menschenwürdiger Arbeit im Bereich der häuslichen Arbeiten. Gemäß der Entwurfstexte, die als Basis für die zweite und finale Diskussion in der Internationalen Arbeitskonferenz 2011 dienen werden, wird die häusliche Arbeit als Beschäftigung in oder für einen Haushalt definiert; und ein häuslicher Arbeiter ist jeder, der sich verpflichtet hat, Hausarbeit innerhalb eines Beschäftigungsverhältnisses zu leisten.[70]

In diesem Kontext kann häusliche Kinderarbeit als Hausarbeit definiert werden, die in dem Haushalt einer dritten Person, von einem Kind unterhalb des gesetzlichen Mindestalters oder über dem Mindestalter, jedoch unter 18 Jahren vorgenommen wird. Zu den schlimmsten Formen der Kinderarbeit gehört häusliche Kinderarbeit dann, wenn die Kinder unter sklavereiähnlichen Bedingungen arbeiten. Somit sind beide Konventionen Nr. 138 und Nr. 182 bedeutsam für die häusliche Kinderarbeit.

Häusliche Kinderarbeit wird gesellschaftlich von vielen Kulturen akzeptiert und als eine Art der beschützten Arbeit, sogar als positiv angesehen. Dies gilt besonders für Mädchen, da das Haus als erfreulicher und sicherer Arbeitsplatz gilt. Hausarbeit ist sozusagen eine natürliche Erweiterung der traditionellen,

---

69  U. Halim: „Child labour in fishery and aquaculture: Need for a perspective – in the light of experiences from India", Presentation des FAO Workshops über Kinderarbeit in der Fischerei und in Aquakulturen, Rom, 14.-16. April 2010.

70  ILO: Decent work for domestic workers, Report IV (2B), Vierter Punkt der Tagesordnung, Artikel 1(a) und (b), International Labour Conference, 100. Sitzung, Genf, 2011.

## in den verschiedenen Sektoren

weiblichen Rollen, wie das Kümmern um einen Haushalt und seine Mitglieder, und bedeutet für Mädchen eine Ausbildung zum Erwachsensein und die Ehe. Es ist aber auch wichtig, sich daran zu erinnern, dass ein beachtlicher Prozentsatz häuslicher Kinderarbeiter Jungen sind, die besonders in bestimmten Arbeitstypen, wie dem Gärtnern und dem Holztransport beschäftigt sind.

Tatsächlich ist die häusliche Arbeit nicht immer als wirtschaftliche Aktivität anerkannt, was im Endeffekt dazu führt, dass häusliche Arbeit gesellschaftlich, wirtschaftlich und statistisch zu einer unsichtbaren Art der Arbeit wird. Im Fall von häuslicher Arbeit von Kindern ist das um so wahrscheinlicher. Demzufolge herrscht unter Organisationen eine weitläufige Zurückhaltung, wenn es darum geht, das Problem mit speziellen Verordnungen und Gesetzen anzugehen. Dies führt nicht selten zu Ignoranz oder einer Missachtung der Gefahren, denen ein Kind ausgesetzt sein kann.

Häusliche Kinderarbeit hat unterschiedliche Gründe. Push-Faktoren sind unter anderem Armut und ihre Feminisierung, Diskriminierungen aufgrund von niedrigem gesellschaftlichen Status oder ethnischer Herkunft, Vertreibungen und Migration sowie Mangel an Bildung und alternativen Beschäftigungsmöglichkeiten. Zu den Pull-Faktoren gehören wirtschaftliche Unsicherheit und verschiedene allgemeine Vorstellungen: z.B., dass häusliche Arbeit Möglichkeiten für bessere Lebensumstände und Bildung bietet (vor allem für junge Kinder aus ländlichen Gebieten) und so zu anderen Möglichkeiten führt. Mit der größer werdenden Beteiligung von Frauen in der Arbeiterschaft, wird der Bedarf nach bezahlbaren Kinderarbeitern für den Haushalt immer größer.

### *Das Ausmaß*

Statistiken über häusliche Kinderarbeit sind, aufgrund ihrer verborgenen Natur, nur begrenzt vorhanden. Die große Häufigkeit von informellen und nicht angemeldeten Arbeitsbeziehungen führt zu einer enormen Dunkelziffer. Die ILO hat in der letzten Zeit jedoch statistische Arbeiten durchgeführt, um eine neue weltweite Schätzung der Kinderarbeiter im häuslichen Bereich festzustellen. Weltweit sind mindestens 15,5 Millionen Kinder als Hausangestellte

## Erkenntnisse über gefährliche Kinderarbeit

beschäftigt. Mehr als die Hälfte dieser Kinder, nahezu 8,1 Millionen, tätigen gefährliche Arbeit. Allerdings muss in diesem Zusammenhang festgehalten werden, dass diese Zahlen aus einer zurückhaltenden Schätzung stammen, da häusliche Kinderarbeiter, die unter sklavereiähnlichen Bedingungen oder in einer Schuldknechtschaft arbeiteten, nicht mit einberechnet wurden.

### *Die Gefahren*

Die am weitesten verbreiteten Gefahren sind: lange, ermüdende Arbeitszeiten; mangelhafte, öffentliche Kontrolle, was Möglichkeiten zur sexuellen Ausbeutung bietet; und Isolation, was zu einer Hemmung der normalen sozialen und intellektuellen Entwicklung führt. Dazu kommt, dass Hausarbeit oft mit dem Tragen schwerer Lasten (Wäsche, Wasser, Kinder), mit Belastungen durch Feuer und heiße Öfen, der Benutzung von Haushaltschemikalien und scharfen Messern und mit der Entbehrung von Bildung einher geht. Häusliche Kinderarbeit wurde im Zuge einer internationalen Debatte erst kürzlich als möglicherweise eine der am weitest verbreiteten Formen der Kinderarbeit angesprochen. Da ein Teil dieser Kinder, meist Mädchen, sehr jung ist, können Arbeiten, die in Wohlstandsnationen trivial scheinen, wie Wasser holen oder das Anzünden eines Ofens, in einem armen Land mühsam und gefährlich sein.

Diese Gefährdungen müssen außerdem im Zusammenhang mit der Verweigerung grundlegender Rechte von Kindern, wie dem Zugang zu Bildung und medizinischer Versorgung, dem Recht auf Erholung, Freizeit, Spiel und Entspannung und dem Recht auf Versorgung und regelmäßigem Kontakt zu Eltern und Gleichaltrigen gesehen werden (UN Konvention über die Rechte von Kindern). Diese Faktoren können einen irreversiblen körperlichen, geistigen und moralischen Einfluss auf die Entwicklung, die Gesundheit und das Wohlergehen von Kindern haben.

## in den verschiedenen Sektoren

**Tabelle 5.3** Ausgewählte Liste von gewöhnlichen Tätigkeiten der häuslichen Arbeit, Gefahren und mögliche Konsequenzen

| Tätigkeit | Gefahren | Verletzungen und mögliche gesundheitliche Folgen |
|---|---|---|
| Kochen, Putzen, Bügeln und andere Hausarbeiten | Scharfe Klingen; heiße Pfannen; Öfen und andere Werkzeuge in schlechtem Zustand; giftige Chemikalien | Schnitte; Verbrennungen; Atemwegserkrankungen; Hautausschlag und andere Formen von Dermatitis; Allergien; körperliche Schädigungen |
| Gartenarbeiten | Scharfkantige Gegenstände, schwere Lasten; heiße Temperaturen; Stiche durch Insekten; giftige Pestizide und Düngemittel | Schnitte; Rücken- und andere Muskelschmerzen; Hitzschlag; Sonnenbrand; Dehydrierung; Insektenstiche und Bisse von Tieren; neurologische und entwicklungsgemäße Auswirkungen |
| Holen von Treibstoff, Wasser, Lebensmitteln | Schwere Lasten; Verkehr und andere Gefahren in der Stadt; lange Fußmärsche | Rüschen- und andere Muskelschmerzen; Verletzungen durch Verkehrsunfälle oder Gewalt in den Städten; Drohungen |
| Alle Tätigkeiten außerhalb des öffentlichen Blickfeldes | Unangemessene Unterkunft und Essen; lange Arbeitszeiten; keine Privatsphäre; körperlicher, verbaler und sexueller Missbrauch; Erniedrigung oder entwürdigende Behandlung | Erschöpfung; Hunger; Depression; Verhaltensstörungen; Selbstmordgefährdung; blaue Flecken; Verbrennungen und andere Verletzungen, die von Missbrauch herrühren |
| Alle Tätigkeiten, bei denen man allein arbeitet | Isolation; Trennung von der Familie und Gleichaltrigen | Gestörte psychologische, soziale und intellektuelle Entwicklung |

# Erkenntnisse über gefährliche Kinderarbeit

*Wissenschaftliche Beweise*

Aufgrund der Schwierigkeiten, die Arbeit von Kindern innerhalb des Hauses zu überwachen, ist die Hausarbeit ein Sektor, in dem konkrete Daten über gesundheitliche Auswirkungen der Arbeit fehlen.

Obwohl Studien existieren, die zum Beispiel beweisen, dass Schlafmangel zahlreiche Probleme in der Entwicklung, von Depressionen und Verhaltensstörungen bis hin zu chronischen Krankheiten[71] mit sich bringt und obwohl Kinderarbeiter vieler Ländern von mehr als 12 Arbeitsstunden pro Tag, in manchen Fällen bis zu 16 Stunden pro Tag, 7 Tage die Woche (Kinder, die in den Häusern ihrer Arbeitgeber leben, müssen oft Tag und Nacht abrufbereit sein und erfahren kaum eine Trennung zwischen Arbeit und persönlicher Zeit)[72] berichten, haben wir keine Daten, die zeigen, welche gesundheitlichen Auswirkungen Schlafmangel auf Kinderarbeiter hat.

Eine IPEC Studie von häuslichen Kinderarbeitern in Vietnam fand heraus, dass 36% der Kinder während ihres Dienstes krank oder verletzt wurden, unter jungen Arbeitern (zwischen dem Alter von 9 und 14 Jahren) sogar noch mehr. Weitverbreitete Krankheiten waren laut der jungen Hausangestellten Husten und Atemprobleme, Kopfweh, Rückenschmerzen und Wunden.[73]

Eine umfangreiche Querschnittsstudie unter mehr als 3000 Kindern zwischen 10 und 17 Jahren ergab, dass diejenigen, die in Hausarbeiten involviert waren, öfter an muskuloskelettalen Schmerzen, in Verbindung mit ungünstigen Körperhaltungen und monotoner und schwerer körperlicher Arbeit litten, als diese, die in anderen Sektoren beschäftigt waren.[74]

Dies gibt Anlass zur Sorge, da Verletzungen im Bereich der Muskeln und Kno-

---

71  M.A. Stein et al.: „Sleep and behavior problems in school-aged children", in Pediatrics (2001), Vol. 107, Nr. 4, S. E60.
72  IPEC: Hazardous child domestic work: A briefing sheet (Genf, ILO, 2007).
73  IPEC: Child domestic workers in Ho Chi Minh city (Hanoi, ILO, 2006).
74  A.G. Fassa et al.: „Child labour and muscoskeletal disorders: The Pelotas (Brazil) epidemiological survey", in Public Health Reports (2005), Vol. 120, Nr. 6, S. 665-673.

## in den verschiedenen Sektoren

chen während der Kindheit, die natürliche Entwicklung behindern; denn Verletzungen an den Wachstumszonen von Jugendlichen resultieren in verschiedenen dauerhaften, orthopädischen Problemen, einschließlich unterschiedlich langer Gliedmaßen.[75]

Neben Verletzungen, Unfällen und Krankheiten zeigen Beweise, dass häusliche Kinderarbeiter, unverhältnismäßig oft, verschiedene Arten von Missbrauch erleiden. Eine Studie aus Bangladesh aus vom Jahr 2006 dokumentierte, dass beinahe 70% der häuslichen Kinderarbeiter, körperlichen Missbrauch und systematische Gewalt erlebten, um entweder Gehorsam zu gewährleisten oder für Langsamkeit oder zu wenig Hilfsbereitschaft bestraft zu werden. Fast die Hälfte der Fälle von körperlichem Missbrauch, die nur selten medizinische versorgt werden, sind als Körperverletzung einzustufen.[76]

Eine Studie unter weiblichen häuslichen Kinderarbeitern in Lateinamerika fand heraus, dass, im Durchschnitt, mehr als 66% der Mädchen körperlichen oder psychischen Missbrauch erfahren haben und sexueller Bedrohungen ständig ausgesetzt waren.[77] Eine Studie unter Kindern, die auf kommerzielle Weise sexuell ausgebeutet wurden, ergab, dass 25% der Kinder ehemalige Haushaltshilfen waren, die entweder vor dem Missbrauch ihrer Arbeitgeber weglaufen mussten oder aufgrund von Schwangerschaften von ihren Familien verstoßen wurden.[78]

Eine Querschnittsstudie unter 3.139 Kindern und Jugendlichen fand heraus, dass Verhaltensstörungen ganz besonders mit häuslicher Kinderarbeit verbunden sind und bei jungen Arbeitern 2,7 mal wahrscheinlicher, als bei nicht arbeitenden Jugendlichen, sind.[79] Eine weitere Querschnittsstudie von 2400

---

75 T. Morse et al.: „Trends in work-related muscoskeletal disorder reports by year, type and industrial sector: A capture-recapture analysis", in American Journal of Industrial Medicine (2005), Vol. 48, Nr. 1, S. 40-49.
76 Save the Children: Abuse among child domestic workers: A research study in West Bengal (Kalkutta, Indien, 2006).
77 IPEC: El Salvador: Trabajo infantil doméstico: Una evaluación rápida (Genf, ILO, 2002).
78 ebd.
79 L.A. Benvegnu et al.: „Work and behavioural problems in children and adolescents", in

## Erkenntnisse über gefährliche Kinderarbeit

Kindern im Alter zwischen 8 und 15 Jahren stellte fest, dass häusliche Kinderarbeiter mit größerer Wahrscheinlichkeit an psychosozialen Störungen (Phobien, Bettnässen und Trennungsangst) litten, als nicht arbeitende Kinder und Kinderarbeiter anderer Sektoren. Dies ist der eingeschränkten persönlichen Freiheit, langen Arbeitszeiten und dem Missbrauch zuzuschreiben.[80]

### Anmerkung zur gefährlichen Hausarbeit

Abgesehen von häuslicher Arbeit, wie oben definiert (Arbeiten im Haushalt einer anderen Person), leisten Kinder oft Hausarbeiten im eigenen Haushalt oder für die eigene Familie. Untersuchungen bezeichnen diese Arbeiten jedoch nicht als „Hausarbeit", sondern als „unbezahlte Dienstleistungen im Haushalt", was im Prinzip nicht als wirtschaftliche Aktivität gilt. Wenn eine solche Dienstleistung, mit langen Arbeitszeiten, in ungesunder Umgebung, mit unsicheren Werkzeugen oder schweren Lasten, in gefährlichen Situationen und so weiter, aber von einer Person unter 18 Jahren geleistet wird, kann dies als „gefährliche, unbezahlte Dienstleistung im Haushalt" bezeichnet und damit der Kinderarbeit zugeordnet werden. Bei dem Begriff der „langen Arbeitszeiten", ist es wichtig, die Auswirkungen von Hausarbeiten und anderen Arbeitstätigkeiten auf die Bildung eines Kindes zu betrachten.[81]

---

International Journal of Epidemiology (2005), Vol. 34, nr. 6, S. 1317-1424.
80   A. Alem et al.: „Child labor and childhood behavioral and mental health problems in Ethiopia", in Ethiopian Journal of Health Development (2006), Vol. 20, Nr. 2, S. 119-126.
81   Resolution II, Resolution concerning statistics of child labour, Von den Statistikern der 18. International Conference of Labor angenommen, Nov.-Dez. 2008, §§ 13, 36 und 37 Erhältlich hier: http://www.ilo.org/wcmsp5/groups/public/@dgreports/@stat/documents/normativeinstrument/wcms_112458.pdf (Stand: 28.April 2011).

## in den verschiedenen Sektoren

### > Fabrikarbeit

Was vielleicht überraschen mag, ist die Vielfalt der verschiedenen Fabrikarbeiten, in denen Kinder beschäftigt sind. Dazu gehört die Arbeit in Manufakturen, im formellen wie im informellen Sektor, in großen oder kleinen Firmen, in umfangreichen Bekleidungsfirmen oder heimischen Werkstätten, von Akkordarbeit bis hin zu traditionellem Handwerk. Viele Gesetze, die die berufliche Sicherheit und Gesundheit in der formellen Wirtschaft behandeln, gehen dabei nicht auf Kleinstunternehmen oder Heimarbeit ein und Arbeitsaufsichtsbeamte werden in einigen Ländern regelrecht daran gehindert, die Bedingungen der betroffenen Menschen zu untersuchen.

### *Ausmaß und Gefahren*

Möglicherweise sind es 7% - annähernd 14 Millionen der geschätzten 215 Millionen Kinderarbeiter – die als Fabrikarbeiter beschäftigt sind.[82] Skandalöse Berichte über Vorfälle von Missbrauch bei Kinderarbeitern im Zusammenhang mit multinationalen Unternehmen mögen zwar die breite Öffentlichkeit aufrütteln, täuschen aber über das volle Ausmaß des Problems hinweg: nämlich, dass die gefährlichsten Bedingungen oft in den unzähligen kleineren Betrieben zu finden sind – bei den Lieferanten der Zulieferer und den Lieferanten für den lokalen Markt. In vielen Fällen arbeiten Kinder Seite an Seite mit einem Elternteil oder heimarbeitenden Vormund.

---

82  IPEC: Global child labour trends 2000 to 2004 (Genf, ILO, 2006), S. 10.

# Erkenntnisse über gefährliche Kinderarbeit

**Tabelle 5.4 Ausgewählte Liste von gewöhnlichen Fabrikarbeiten, Gefahren und möglichen Konsequenzen**

| Tätigkeit | Gefahren | Verletzungen und mögliche gesundheitliche Folgen |
|---|---|---|
| Textilindustrie: Färben; Weben; Nähen; Stickarbeiten; Putzen | Schädliche Färbemittel; ungesunde Haltungen; monotone Arbeiten; scharfkantige Werkzeuge | Deformation der Finger und vorzeitige Arthritis; Nacken-, Schulter- und Muskelschmerzen, Verlust der Sehkraft; Hautausschlag; Nagelschäden und andere Hautentzündungen; Atemschwierigkeiten; Byssinose |
| Lederindustrie: Enthaaren; Gerben; Nähen; Putzen | Schädliche Färbemittel; Lösungsmittel und andere chemische Dämpfe; scharfkantige Werkzeuge | Chemische Vergiftungen; Schädigung der Lunge; Asthma; Bronchitis; Hautausschlag; Blasenkrebs; Anthraxvergiftungen |
| Schuhindustrie: Schuhmachertätigkeiten und Reparieren | Schädliche Lösungsmittel, Klebstoffe und andere Chemikalien; scharfkantige Werkzeuge | Krebs der oberen Luftwege, der Nasennebenhöhlen, des Kehlkopfs, der Lungen und Gallenblase; Blutkrankheiten; neurologische Störungen; dermatologische Störungen, wie berufsbedingtes Vitilgo; Probleme des Bewegungsapparats, wie das Karpaltunnelsyndrom |
| Handwerk: Schmuckproduktion; Mauerwerk; Tischlern | Ungesunde Haltungen; repetitive Bewegungen; Staub; scharfkantige Werkzeuge | Deformation der Finger und vorzeitige Arthritis; Nacken-, Schulter und Muskelschmerzen; Verlust der Sehkraft; Lungenkrankheiten, wie Asthma, Bronchitis, Silikose, Tuberkulose oder Krebs durch das Einatmen feiner Partikel oder giftiger Chemikalien; Bleivergiftung |

## in den verschiedenen Sektoren

### Wissenschaftliche Beweise

Der Sektor Fabrikarbeit ist ein Feld, über den intensive Studien vorliegen. Eine Untersuchung, bei der über 3.000 Kinder befragt wurden, fand heraus, dass Kinder, die in Fabriken beschäftigt waren, mit dreißig prozentig höherer Wahrscheinlichkeit Leid in den verschiedensten Formen erlebten. Rückenschmerzen fallen, im Vergleich mit Werten im Sport und bei Hausarbeiten, ganz besonders schmerzhaft aus.[83]

Eine weitere gut geführte Studie ergab, dass Kinder, die ganztags in kleinen industriellen Geschäften arbeiteten, regelmäßigen Missbrauch erfahren, zwei bis dreimal mehr über Gesundheitsbeschwerden (95% berichteten von Haut-, Augen- und Ohrproblemen in den letzten 2 Wochen) klagten, sieben mal mehr wahrscheinlich ernste Hautprobleme aufwiesen und vier mal wahrscheinlicher verletzt wurden, als entsprechend nicht arbeitende Kinder.[84]

In Fabriken sind giftige Substanzen, wie organische Lösungsmittel für Möbel, Schuhe und der Fahrzeugreparatur ständig im Einsatz. Eine Querschnittsstudie fand heraus, dass arbeitende Kinder, die Lösungsmitteln ausgesetzt waren, im Gegensatz zu ihrer nicht arbeitenden Kontrollgruppe, bei neurologischen Tests wesentlich schlechter abschnitten. Sie verloren an Fingerfertigkeit, erlitten Gedächtnis- und Konzentrationsstörungen, klagten über Kopfschmerzen und waren insgesamt reizbarer, aufgebracht und verwirrt.[85] Diese Studie kam zu dem Ergebnis, dass arbeitende Kinder, die mit Lösungsmitteln in Berührung kommen, mit hoher Wahrscheinlichkeit langfristige neurologische Verhaltensstörungen entwickeln.[86]

---

83  A.G. Fassa et al.: „Child labour and muscoskeletal disorders: The Pelotas (Brazil) epidemiological survey", in Public Health Reports (2005), Vol. 120, Nr. 6, S. 665-673.
84  I.A. Nuwayhid et al.: „Health of children working in small urban industrial shops", in Occupational and Environmental Medicine (2005), Vol. 62, Nr. 2, S. 86-94.
85  B. Saddik et al.: „Evidence of neurotoxicity in working children in Lebanon", in Neurotoxicology (2003), Vol. 24, Nr. 4-5, S. 733-739.
86  B. Saddik et al.: „The effects of solvent exposure on memory and motor dexterity in working children", in Public Health Reports (2005), Vol. 120, Nr. 6, S. 657-663.

## Erkenntnisse über gefährliche Kinderarbeit

Eine Querschnittsevaluation von Kindern, die in der Keramikmanufaktur beschäftigt waren, ergab, dass Kinderarbeiter sehr hohe Blei-Blut-Werte aufwiesen. Bei zehn dieser Kinder, die im Alter zwischen 6 und 15 Jahren in einer Keramikfabrik für 3 Monate oder länger gearbeitet haben, lagen die Bleigehalte im Blut bei über 60 µg/dl – im Anbetracht der Tatsache, dass Kinder im Alter von 6 Jahren Keramik mit Bleisalz aus geschmolzenen Batterien glasierten, nicht überraschend.[87]

Das Gerben von Leder ist eine weitere Form der Arbeit, die viele Risiken bereithält und in jeder Hinsicht als gefährlich eingestuft werden muss. Eine Studie unter Kinderarbeitern aus der Gerbereiindustrie zeigte, dass 80% der Kinder Schlafstörungen meldeten; mehr als die Hälfte berichtete von Verletzungen (Ausrutschen, chemische Unfälle und Verbrennungen); beinahe 30% litten an einer säurebedingten Ulcuserkrankung, einer sehr ernsten Krankheit, die durch die unfreiwillige Aufnahme von schädlichen Chemikalien, insbesondere säurereichen Zusammensetzungen, verursacht wird; und 6,3% der arbeitenden Kinder (aber keines der nicht arbeitenden Kinder) berichtete von Bettnässen, ein Zeichen für psychosozialen Stress.[88]

Eine zusätzliche Forschungsstudie bewertete den Gesundheitsstatus von 40 Jungen, im Alter zwischen 7 und 14 Jahren, die in einer Gerberei beschäftigt waren. Kreuzschmerzen und Schmerzen im Knöchelgelenk, Schwindelgefühle und kribbelnde Schmerzen in der Hand, wahrscheinlich durch den Kontakt mit Chemikalien wurden, im Vergleich zu ihren nichtarbeitenden Gleichaltrigen, unter arbeitenden Kindern in einer beträchtlich höheren Zahl gefunden.[89]

---

[87] R. Harari und M.R. Cullen: „Childhood lead intoxication associated with manufacture of roof tiles and ceramics in the Ecuadorian Andes", in Archives of Environmental Health (1995), Vol. 50, Nr. 5, S. 393.

[88] S. Awan: Hazards faced by young workers in textile, garments and leather goods sectors in Pakistan (Lahore, Pakistan, Centre for the Improvement of Working Conditions & Environment, 2007).

[89] S. Mitra: „A study of the health conditions of child workers in a small scale leather industry in Calcutta", in British Journal of Industrial Medicine (1993), Vol. 50, S. 938-940.

## in den verschiedenen Sektoren

Eine Literaturstudie aus dem Jahr 2007, die den Zusammenhang zwischen der Belastung mit Lederstaub und Nasenkrebs erforschte, fand heraus, dass vier aus fünf Fallkontrollstudien ein erhöhtes Risiko von sinonasalen Tumoren unter Gerbereiarbeitern bewiesen. Da Kinder und Jugendliche in einem entscheidenden Stadium der Entwicklung sind, könnten ihre Risiken an Krebs zu erkranken, im Zusammenhang mit den Gefährdungen im Gerbereibetrieb, ausschlaggebend sein.[90]

*Zusammengefasst*, macht das weite Feld der Fabrikarbeit und der Reparaturindustrie es unmöglich, die relativen Risiken der einzelnen Sparten gegeneinander abzuwägen. Studien ergeben jedoch, dass bestimmte Industrien – und sie sind leicht zu finden – ein so großes Risiko darstellen, dass umgehendes Handeln unbedingt erforderlich ist. Es gibt keine Ausrede (ungeachtet Armut und Leistungsvermögen) dafür, Kinder mit Blei arbeiten zu lassen.

### > *Minenarbeit und Arbeit im Steinbruch*

Minenarbeit und Arbeit im Steinbruch sind Arbeitstypen, die für Kinder in jeder Hinsicht gefährlich sind (Box 5.3). Kinder tief in Tunnel herabzulassen, die nur so breit, wie ihre Körper sind; Befördern von Lasten, die schwerer sind als sie selbst; stundenlanges Sitzen in der Sonne; Zerschlagen von Felsbrocken zu Schotter; ganztägiges Kauern in dreckigem Wasser oder das Durchsieben von Sand auf der Suche nach wertvollen Edelsteinen...

Schwere und sperrige Lasten, strapazierende Arbeiten, die unsicheren, unterirdischen Konstruktionen, schwere Werkzeuge und Ausrüstungen, giftiger Staub und Chemikalien sowie Belastungen mit extremer Hitze und Kälte machen die Minenarbeit und den Bergbau zu einer körperlich gefährlichen Angelegenheit.

---

90 V. Bonneterre et al.: „Sino-nasal cancer and exposure to leather dust", in Occupational Medicine (2007), Vol. 57, S. 438-443.

## Erkenntnisse über gefährliche Kinderarbeit

Die Arbeit stellt ein moralisches und psychologisches Risiko dar, vor allem, wenn man bedenkt, dass Rechtsorgane, Schulen und Sozialeinrichtungen oft unbekannt sind, eine Unterstützung durch die Familie oder Gesellschaft nicht vorhanden ist und wirtschaftliche Auf- und Abschwünge Alkoholmissbrauch, Drogen und Prostitution fördern.

**Box 5.3**

> „Ich habe eine ältere Schwester, drei ältere und zwei jüngere Brüder. Nur der Jüngste ging zur Schule. Ich arbeitete im Bergbau und verdiente 30 Rupien pro Tag. Ich arbeitete den ganzen Tag von morgens bis Abends, meißelte Steine, zerkleinerte sie zu Geröll, trug schwere Lasten und vollbrachte andere schmerzhafte Tätigkeiten. Ich hatte die ganze Zeit Blasen an meinen Händen und Füßen. Es gab keinen Tag an dem ich mich nicht verletzte und vor Schmerz weinte. Mein Vater sagte mir, ich solle aufhörten zu arbeiten, aber ich hörte nicht auf ihn.
>
> Eines Tages waren die Blasen an meinen Händen unerträglich wund und bluteten, sodass mein Vater sagte, ich solle mir eine Pause gönnen. Ich sagte OK und arbeitete für eine ganze Woche nicht. Ich hatte das Gefühl, dass das Fernbleiben von der Arbeit ein großes Problem für meine Familie darstellte und war über unser Einkommen besorgt. Wie werden wir überleben, wenn ich nicht arbeite, fragte ich mich?
>
> Ich besuchte die Abendschule in meinem Dorf jeden Tag mit meinem Freund. Er hatte die Schule in der 6. Klasse abgebrochen, nahm aber an diesem Gruppenunterricht teil. Ich war ein sehr guter Schüler und schlug mich besser als mein Freund in den Fächern. Mein Lehrer war so beeindruckt, dass er mich zum Camp nach Dhone schickte. Endlich die Erlösung von einem elendigen Arbeitsleben, wo nur endloses Schuften und zahllose Verletzungen in Sicht waren."
>
> *Quelle: Geschichte von Balanjaneyulu, 14 Jahre alter Junge. Interviews von Kindern von der IPEC Partnerorganisation Mamidipudi-Venkatarangaiya Fdn (MVF).*

### *Ausmaß und Gefahren*

Beinahe alle jugendlichen Minenarbeiter sind im Kleinbergbau, in Minen im kleinen Maßstab beschäftigt. Kinder, die in Steinbrüchen arbeiten, sind sichtbarer – werden oft am Straßenrand, nahe Baustellen gesehen – und sind in der

## in den verschiedenen Sektoren

Regel, die Ärmsten der Armen.[91] Die Kinder graben nach Edelsteinen, Gold, Kohle und Baumaterial, wie Sand, Lehm oder Gestein. Mit etwa 4-5 Jahren beginnen sie im Steinbruch „zu helfen" und als Jugendliche arbeiten sie bereits ganztags. Sie werden denselben Risiken wie Erwachsene ausgesetzt: Einbrechen, Steinschläge, Quecksilbervergiftungen, Ersticken – aber, da ihr Körper und Urteilsvermögen noch in der Entwicklung sind, passieren Verletzungen mit größerer Wahrscheinlichkeit und die Kinder sind viel gefährdeter, der gesetzlosen Lebensweise in Bergbauanlagen zum Opfer zu fallen.[92]

Die Gesundheitsrisiken setzen sich aus den Gefahren der Umgebung, in der die Kinder leben, zusammen. Eine Umgebung, in der das Erdreich, das Wasser und vielleicht sogar die Luft mit giftigem Quecksilber oder anderen Schwermetallen verseucht ist. Besonders in abgelegenen Minenanlagen fehlt es an sauberem Trinkwasser, Gesundheitsvorsorge und Schulen. Aber sogar wo Schulen und Krankenhäuser vorhanden sind, hält Arbeit die Kinder meist davon ab, diese Institutionen aufzusuchen. Die Grubenarbeiter werden eher von denen versorgt, die nicht direkt in den Zechen arbeiten.

Einige Kinder in den Minen werden zur Arbeit in der Prostitution überredet oder gezwungen. In den Mirerani Bergbaugebieten der Vereinigten Republik Tansania gaben 85 von 130 befragten Mädchen an, als Prostituierte beschäftigt zu sein. 25 von ihnen sogar in Vollzeit, was die hohe Nachfrage nach Sex mit jungen Mädchen, in den von Männern beherrschten Minengebieten, aufzeigt.[93] Trotzdem wäre es falsch anzunehmen, die Arbeit von Mädchen in den Minen bestünde hauptsächlich in ihrer Tätigkeit als Prostituierte. Mädchen und Jungen leisten in den Minen die gleiche Arbeit.[94]

---

91  IPEC: A load too heavy: Children in mining and quarrying (Genf, ILO, 2005).
92  IPEC: Minors out of mining! Partnership for global action against child labour in small-scale mining (Genf, ILO, 2006).
93  Tanzania Media Women's Association (TAMWA): A report on the assessment of child sexual abuse and exploitation (Vereinigte Republik Tansania, 2004).
94  IPEC: Girls in mining: Research findings from Ghana, Niger, Peru, and United Republic of Tanzania (Genf, ILO, 2007).

# Erkenntnisse über gefährliche Kinderarbeit

Die Arbeit von Kindern, in und um informelle Minen herum, ist verschiedenartig. Manche Kinder begleiten, vor allem wenn es keine Möglichkeit der Betreuung gibt, ihre Eltern zu den Minen. Doch selbst für Unbeteiligte ist das gesamte Umfeld der Minen eine einzige, massive Gefahr. Man kann sich vorstellen, dass in solchen Umgebungen Gesundheitsgefahren, wie Verletzungen durch Stürze, Schmerzen durch schwere Lasten, Hauterkrankungen durch kontaminiertes Wasser und dauerhafte Entwicklungsstörungen sowie Krankheiten im Zusammenhang mit giftigen Chemikalien entstehen.

**Tabelle 5.5 Ausgewählte Liste von verbreiteten Tätigkeiten im Steinbruch und Minen sowie Gefahren und mögliche Konsequenzen**

| *Tätigkeit* | *Gefahren* | *Verletzungen und mögliche gesundheitliche Schäden* |
|---|---|---|
| Tunnelbau; Betreten von schlammigen Schächten | Grabwerkzeuge; Sprengstoffe; engster Raum; fehlerhafte Anleitung; stickige Luft; giftige Gase; Staub; Dunkelheit; Feuchtigkeit; Strahlung | Tod oder traumatische Verletzungen durch Tunneleinbrüche; Erstickung durch Benutzung von Pressluft im Bergbau; Verletzungen durch Explosionen; Staublunge und ähnliche Atemkrankheiten; Übelkeit; Erschöpfung |
| Graben und Auflesen von Erz, Steinplatten, Geröll oder Sand | Schwere Werkzeuge; schwere Lasten; repetitive Bewegungen; gefährliche Höhen; offene Löcher; herabfallende Gegenstände; Fahrzeuge; Lärm; Staub | Gelenk und Knochendeformationen; blasige Hände und Füße; Platzwunden; Rückenverletzungen; Kopftrauma; lärmbedingter Gehörverlust; Atemschwierigkeiten; Erfrierungen; Sonnenstiche und andere thermische Belastungen |
| Zerkleinern und Verschmelzen; Sieben, Waschen und Sortieren | Blei, Quecksilber und andere Schwermetalle; Staub; repetitive Bewegungen; krümmende, hockende oder kniende Stellungen | Neurologische Schäden; urogenitale Beeinträchtigungen; Störungen des Bewegungsapparats; Müdigkeit; Immunschwäche |

## in den verschiedenen Sektoren

| | | |
|---|---|---|
| Beseitigen von Abfall oder Wasser von den Minen | Schwere Lasten, repetitive Bewegungen; chemische und biologische Gefahren; Staub | Störungen des Bewegungsapparats; Müdigkeit; Infektionen |
| Tragen oder Karren von Materialien | Schwere Lasten; große und unhandliche Fahrzeuge | Störungen des Bewegungsapparats; Müdigkeit; Quetschungen durch Fahrzeuge |
| Kochen und Putzen für Erwachsene | Körperlicher und verbaler Missbrauch; gefährliche Öfen; explosive Brennstoffe | Verletzungen durch Schläge; sexueller Missbrauch; Verbrennungen |
| Verkauf von Waren oder Dienstleistungen an Minenarbeiter | Körperlicher und verbaler Missbrauch | Verletzungen durch Schläge; Verhaltensstörungen |
| Minenarbeit und Arbeiten im Steinbruch im Allgemeinen | Abgelegene Standorte; gesetzlose Atmosphäre; mangelhafte sanitäre Einrichtungen; kontaminiertes Trinkwasser; stehendes Wasser (und Moskitos); unzureichende Ernährung; Anwerbung ins Prostitutionsgewerbe; Glücksspiel; Drogen und Alkohol | Tod durch mangelhafte medizinische Versorgung; Verhaltensstörungen; Sucht; Geschlechtskrankheiten; Schwangerschaft; Kleinwuchs; Durchfall und Verdauungsstörungen; Malaria und durch Moskitos ausgelöste Krankheiten |

### *Wissenschaftliche Beweise*

Zahlreiche Umfragen und Forschungsstudien belegen, dass Minenarbeit der mit Abstand gefährlichste Sektor bezüglich tödlicher Verletzungen ist. Beweise durch Forschungsstudien zeigen eine durchschnittliche Todesrate von 32 pro 100.000 Vollzeitäquivalenten (FTE = Full-time equivalent) bei Jugendlichen im Alter zwischen 5 und 17 Jahren. Zum Vergleich, die entsprechende Todesrate in der Landwirtschaft sowie im Baugewerbe, liegt bei 16,8 und 15 pro 100.000 FTE.[95]

IPEC Grundlagenstudien, obwohl qualitativ, beweisen ähnliche Trends. In einem Beispiel (aus der Mongolei), berichteten mehr als ein Fünftel der Kinderarbeiter über erhöhte Gesundheitsprobleme seit dem Beginn der Arbeit;

---

95  A.G. Fassa: Health benefits of eliminating child labour (Genf, 2003).

## Erkenntnisse über gefährliche Kinderarbeit

über 40% litten an Schmerzen des Bewegungsapparats und 30% an Erschöpfung, während ein Drittel der Kinderarbeiter über urogenitale oder respiratorische Erkrankungen klagte. 43% der Kinder hatten keinen Zugang zu medizinischer Versorgung und ein Drittel von ihnen arbeitete, trotz Erkrankung, weiter.[96]

Wie die Fischerei vereint die Minenarbeit besonders schreckliche Arten der Kinderarbeit. Minenarbeit mit Druckluftkompressoren ist eine davon: Kinder werden in die engen, schlammigen Schächte in 30 Meter Tiefe geschickt und müssen in dieser Umgebung für mehrere Stunden verharren und erzhaltige Erde in völliger Dunkelheit fördern. Dabei tragen sie nur eine primitive Augenmaske und atmen Luft durch einen Gummischlauch, der mit einem Kompressor verbunden ist. Ersticken, Ertrinken und sinonasale Schädigungen sind hier alltägliche Gefahren. Dennoch gibt es keine Daten, die Auskunft darüber geben, wie viele Kinder auf diese Weise umgekommen sind.

Die Chemikalie, die derzeit große Sorgen bereitet, ist Quecksilber, weil sie heutzutage sehr häufig Verwendung findet. Eine Querschnittsstudie unter Kindern im Alter von 9 bis 17 Jahren, die in einer kleinen Goldmine arbeiteten, ergab, dass ihre Quecksilberwerte 41 µg/l im Urin und 100 µg/l im Blut betrugen. Der allgemein akzeptierte Richtwert von Quecksilber bei Kindern liegt bei nur 0,4-0,7 µg/l im Urin und 0,8 - 1,0µg/l im Blut. Eine medizinische Untersuchung der arbeitenden Kinder zeigte, im Vergleich zur nichtarbeitenden Kontrollgruppe, ernste Erkrankungen des Nervensystems. Neurologische Tests enthüllten, dass Kinder, die an Minenarbeit beteiligt waren, für einfache kognitive- und Reflextests zweimal so lang brauchten, wie nicht arbeitende Kinder. Bei mehr als der Hälfte der arbeitenden Kinder wurden schwerwiegende Quecksilbervergiftungen diagnostiziert.[97] Symptome einer Quecksilbervergiftung sind unkontrollierbares Zucken, vor allem der Gesichtsmusku-

---

96 IPEC: The informal gold mining sub-sector in Mongolia: A comprehensive sector based project to prevent and eliminate child labour and improve the situation of informal gold miners (Ulaanbaatar, ILO, 2004), unveröffentlichtes Dokument.

97 S. Bose-O'Reilly et al.: „Mercury as a serious health hazard for children in gold mining areas," in Environmental Research (2008), Vol. 107, S. 89-97.

## in den verschiedenen Sektoren

latur; auch Stimmungsschwankungen, Erregung und Nervosität; sowie Schlaflosigkeit; neuromuskuläre Veränderungen, wie Schwachheit und Muskelatrophie; Kopfschmerzen; und Verminderung der kognitiven Funktionen. Hohe Werte der Quecksilberbelastung können zu Nieren- und Atemwegsversagen und damit zum Tod führen.[98]

Auch das Schwermetall Blei stellt im Bereich der Minenarbeit ein großes Problem dar (Box 5.4). Eine jüngste Fallstudie fand heraus, dass mehr als 100 Kinder an schwerwiegenden Vergiftungen durch den Kontakt mit bleihaltigem Erz litten; ihre mittleren Blutbleiwerte waren zehn Mal höher als der festgelegte Höchstwert.[99]

**Box 5.4**

„Diese Arbeit ist zu schwer für uns. Wir tun es, weil wir keine Alternative haben. Eigentlich gibt es keine Zukunft in dieser Art der Arbeit. Wenn du weiter mit Blei arbeitest, ist es wahrscheinlich, dass du früh stirbst."
*Quelle: IPEC. 2008 Rapid assessment of child labour in non-traditional mining sector in Zambia (Genf, ILO).*

Das Element Kobalt, welches schädigend für Herz, die Schilddrüse und Lungen ist, kann berufsbedingtes Asthma verschlimmern und wurde bei 87% der Kinder gefunden, die in der Nähe einer Mine lebten. Die Blutwerte überstiegen nicht nur die Grenzwerte, sondern waren sogar die höchsten, jemals gemessenen Werte überhaupt. Eine Querschnittsstudie in einer kleineren Mine, maß die Werte von 17 verschiedenen Metallen und Nichtmetallen bei Kindern unter 14 Jahren, die entweder in der Mine arbeiteten oder in der Nähe lebten.

Diese Studie zeigte die beträchtlichen Belastungen durch verschiedene Metalle, mit denen die Kinderarbeiter zu kämpfen hatten. Insgesamt zeigte die Analyse von Urinproben viel höhere Werte von giftigen Metallen bei Kindern, im

---

98   T.W. Clarkson et al.: „The toxicology of mercury: Current exposures and clinical manifestations", in New England Journal of Medicine (2003), Vol. 349, S. 1731-1737.
99   World Health Organization (WHO): 2010. Nigeria: Mass lead poisoning from mining activities, Zamfara State, Global Alert and Response (Genf, WHO, 2010).

## Erkenntnisse über gefährliche Kinderarbeit

Vergleich zu Erwachsenen, obwohl sie Metallen eigentlich weniger ausgesetzt waren.[100]

Im Allgemeinen ist die gefährliche Kinderarbeit in den Minen auf dem Vormarsch, da der Preis von Gold steigt und ehemalige Kindersoldaten versuchen, in ein anderes Leben zu entkommen. Erschwerend kommt hinzu, dass es sich bei den Minen und Steinbrüchen um kaum zu erreichende, abgelegene Schauplätze handelt – die Berge der Anden, die Wüsten des westlichen Afrikas. Auf der anderen Seite jedoch, muss man festhalten, dass die Kinderarbeit in den Minen nicht sehr verbreitet ist. Sie konzentriert sich auf bestimmte Plätze und so beträgt die Anzahl der betroffenen Kinder weniger als eine Million. Dies gibt Hoffnung, dass diese Art der Arbeit, mit entschlossenen Mitteln, beseitigt werden kann.

### > *Baugewerbe und damit verbundene Industrien*

Das Baugewerbe wird als eine der gefährlichsten Industrien für Kinder betrachtet. Obwohl es bezüglich Gefährdungen meist hinter der Landwirtschaft und Minenarbeit angesiedelt ist, wird es von einigen europäischen Ländern an erste Stelle gesetzt.

### *Ausmaß und Gefahren*

Der Begriff des „Bauwesens" lässt Assoziationen mit Hochhäusern und anderen Großprojekten zu. Tatsächlich umfasst das Bauwesen jedoch alles, was gebaut werden muss, von Straßen und Brücken bis hin zu Baulichkeiten, zu denen diese Straßen und Brücken hinführen. Die Risiken der Bauarbeiter sind bekannt: gefährliche Maschinen, gefährliche Höhen, gefährliche Materialien und allgegenwärtiger Staub.

---

100  C.L.N. Banza et al.: „High human exposure to cobalt and other metals in Katanga, a mining area of the Democratic Republic of Congo", in Environmental Research (2009), Vol. 109, S. 745-752.

# in den verschiedenen Sektoren

Und trotzdem findet man auf der ganzen Welt verteilt Kinder auf Baustellen, die in dieser Umgebung unterstützend arbeiten. In vielen Ländern, besonders in Südasien, werden Kinder (Mädchen eingeschlossen) eingestellt, um Ziegelsteine stundenlang zu tragen, zu stapeln und auszurichten. Nicht selten für Industrienationen sind arbeitende Jugendliche, über dem gesetzlichen Mindestalter, die mit Werkzeugen hantieren, die eigentlich für Erwachsene entwickelt sind.

Ähnliche Risiken sind auch in der industriellen Ziegelmanufaktur reichlich vorhanden. Zu den Gefahren zählen zusätzlich die extreme Temperatur und die mit der Luft übertragene Asche aus den Brennöfen. Kinder, oft jünger als 10 Jahre, schleppen Ziegelsteine – jeder wiegt ungefähr zwei Kilogramm – von einem Platz zum anderen und atmen die ganze Zeit staubige, dicke Luft ein.

**Tabelle 5.6  Gekürzte Liste von gewöhnlichen Bautätigkeiten, Gefahren und Konsequenzen**

| *Tätigkeit* | *Gefahren* | *Verletzungen und mögliche gesundheitliche Konsequenzen* |
|---|---|---|
| Bauwesen: Transportieren und Stapeln von Material; Tischlerarbeiten; Mauern | Schwere Lasten; gefährliche Höhen; herabfallende Gegenstände; scharfkantige Objekte; elektronische Werkzeuge; Stromleitungen; fahrende Fahrzeuge; lärmende Maschinen; Belastungen durch extreme Wetterbedingungen; Staub | Gelenk und Knochendeformationen; blasige Hände und Füße; Risswunden; Einstiche durch Nägel; Rückenverletzungen; Muskelverletzungen; Kopftrauma; gebrochene Knochen durch Stürze; Tod durch elektrischen Schlag; lärmbedingter Gehörverlust; Erfrierungen; Sonnenstich und andere thermische Belastungen; Dehydrierung; Atemschwierigkeiten |

>>

# Erkenntnisse über gefährliche Kinderarbeit

| Tätigkeit | Gefahren | Verletzungen und mögliche gesundheitliche Konsequenzen |
| --- | --- | --- |
| Ziegelsteinproduktion: Schleppen und Stapeln von Ziegelsteinen | Hitze von Öfen und Brennöfen; herumfliegende Asche; schwere Lasten; herabfallende Ziegel; Staub; Belastungen durch extreme Wetterbedingungen; abgelegene Standorte; mangelhafte sanitäre Einrichtungen; fahrende Fahrzeuge | Verbrennungen und Hitzeschläge; Dehydrierung; Gelenk und Knochendeformationen; Probleme am Bewegungsapparat durch repetitive Bewegungen; blasige Hände, geprellte Füße durch herabfallende Ziegel; Platzwunden; Atemschwierigkeiten; Silikose und andere berufsbedingte Lungenkrankheiten; thermische Belastungen; Insektenstiche, mangelhafte Ernährung; bakterielle und virale Krankheiten; Verletzungen durch Fahrzeuge |

## *Wissenschaftliche Beweise*

In vielen Ländern ist die Beschäftigung von Kindern auf Baustellen zwar verboten, weit verbreitet ist diese Art der Kinderarbeit aber immer noch. Weil selten dokumentiert, sind keine genauen Studien über das Thema vorhanden.

Folgendes ist bereits bekannt: Schätzungen zufolge sterben mindestens 108.000 Arbeiter jedes Jahr im Baugewerbe.[101] Obwohl im Jahr 1990 nur etwa 3% der Jugendlichen in diesem Sektor Beschäftigung fanden,[102] ist die Bauindustrie der Vereinigten Staaten für den zweitgrößten Anteil tödlicher Arbeitsunfälle unter den 16 und 17 Jährigen (17% aller Todesfälle) verantwortlich. Damit liegt sie zahlenmäßig gleich hinter der Landwirtschaft.[103] Eine Umfrage unter

---

101 ILO: Safework: Construction hazards (Genf, 2004).
102 NIOSH: Child labor research needs. Special hazard review, Publication Nr. 97-143 ( Cincinnati, OH, DHHS (NIOSH), 1997), S. 97-143.
103 D. Castillo et al.: „Occupational injury deaths of 16- and 17-year-olds in the United States", in American Journal of Public Health (1994), Vol. 84, S. 646-649.

## in den verschiedenen Sektoren

jugendlichen Arbeitern der USA fand heraus, dass die Todesrate für Bauarbeiter im Teenager-Alter (19 Jahre und jünger) bei 12,1 pro 100.000 im Jahr liegt, etwas weniger, als bei erwachsenen Arbeitern. Trotzdem passierten beinahe die Hälfte (49%) der 76 tödlichen Verletzungen in Zusammenhang mit offenkundigen Verstößen gegen bereits bestehende Kinderarbeits-Regelungen.[104]

Oft geschehen im Bausektor auch unzählige Unfälle ohne tödlichen Ausgang. Eine Querschnittsstudie unter jungen Bauarbeitern, durchgeführt in den Vereinigten Staaten, zeigte, dass die Zahl der Jahre, die der Arbeiter in der Branche verbracht hat, wesentlich mit muskuloskeletalen Verletzungen an Knie und Handgelenk/Hand zusammenhängen.

Die größte Gefahr für die Arbeiter ist dabei das lange Verharren in der selben Haltung, weshalb beinahe die Hälfte von ihnen über Schmerzen des Bewegungsapparats klagte.[105] Eine Querschnittsstudie in Brasilien ermittelte, dass schmerzende Gliedmaßen unter arbeitenden Kindern und Jugendlichen verbreitet sind. Annähernd zwei Drittel der Kinderbauarbeiter litten an Schmerzen des Bewegungsapparats und bei 41,5% der Kinder beeinträchtigten Schmerzen den normalen Lebensalltag.[106]

Eine Studie unter jungen Bauarbeitern der Vereinigten Staaten zeigte, dass geringes Alter, begrenzte Arbeitserfahrung, unangemessene Risikowahrnehmung, niedriges Körpergewicht und der Mangel an Bildung und beruflicher Ausbildung mit einem vergrößerten Verletzungsrisiko zusammenhängen.[107]

---

104   A. Suruda et al.: „Fatal injuries to teenage construction workers in the US", in American Journal of Industrial Medicine (2003), Vol. 44, Nr. 5, S. 510-514.
105   L.A. Merlino et al: „Symptoms of muscoskeletal disorders among apprentice construction workers", in Applied Occupational and Environmental Hygiene (2003), Vol. 18, Nr. 1. S. 57-64.
106   A.G. Fassa et al.: „Child labour and muscoskeletal disorders: The Pelotas (Brazil) epidemiological survey", in Public Health Reports (2005), Vol. 120, Nr. 6, S. 665-673.
107   N. Chau et al.: „Relationships between certain individual characteristics and occupational injuries for various jobs in the construction industry: A case-control study", in American Journal of Industrial Medicine (2004), Vol. 45, Nr. 1., S. 84-92.

## Erkenntnisse über gefährliche Kinderarbeit

**Box 5.5**

„Die Kinder beteiligen sich beim Entladen der Ziegelöfen nach dem Brennen. Sie müssen Ziegelsteine und Fliesen von der Spitze des Ofens bis zum Boden (4-5 Meter) tragen. Diese Arbeit erfordert Gesundheit, Erfahrung und Geschicklichkeit, aber manchmal wissen Kinder nicht, wie sie Gefahren vermeiden und stürzen ab.

… häufige Arbeitsunfälle sind Schnitte an Händen, die gewöhnlich durch den Gebrauch von Maschinen entstehen. 70 Unfälle von Kindern und Erwachsenen konnten letztes Jahr vermeidet werden. Kinder brechen ihre Arme und Beine leicht, wenn sie von den Planken fallen.

… Der Staub in den Ziegelöfen ist schrecklich. Wenn Ärzte die Kinder untersuchen, finden sie häufig heraus, dass viele von ihnen an Atemwegserkrankungen leiden. Arbeiter und Nicht-Arbeiter sind davon betroffen.

… Ich habe Ziegel herumgetragen, da ich nicht zur Schule ging. Meine Eltern, Brüder und Schwestern gingen arbeiten, also folgte ich ihnen und gewöhnte mich allmählich an die Arbeit. Als ich ungefähr 5 oder 6 Jahre alt war, zeigte meine Mutter mir, wie ich die Ziegel tragen sollte. Ich trug nur wenige, aber als ich mich an die Arbeit gewöhnt hatte, wurde die Anzahl immer größer und größer. Ich fiel hin und verknackste mir meine Handknochen, weshalb ich daheim bleiben musste. Als ich in der ersten Klasse war, haben meine Eltern sich nicht um mich gekümmert, also war ich schlecht in der Schule. Arbeit hilft mir Geld zu verdienen und manchmal gibt mir meine Mutter ein wenig Geld (5.000 VND), um Trinken oder Bücher, etc. zu kaufen. Ich arbeite viel, deshalb bin ich sehr müde und habe keine Zeit zum Ausruhen. Manchmal schlafe ich in der Schule ein, weil ich so müde bin."

*Quelle: Geschichte eines 13 Jährigen Mädchens. Gruppendiskussion mit Gemeindebeamten und Eltern, in Nhon My (An Giang Provinz, Vietnam 2009).*

Ziegelöfen sind insbesondere in Asien verbreitet, können aber auch im Mittleren Osten, Afrika und Lateinamerika gefunden werden. Eine Studie unter Kinderarbeitern in Kambodscha ergab, dass Kinderarbeiter in Ziegelfabriken eher an berufsbedingten Gesundheitsbeschwerden litten, als Müllkinder und Kinder, die in Fischereizentren oder als Autowäscher arbeiteten. Von Krankheiten und Verletzungen berichteten 65% der befragten Kinder.

## in den verschiedenen Sektoren

Im Vergleich zu den weniger als 50% gemeldeten Verletzungen aus anderen Berufssparten ist dies eine hohe Prozentzahl. 85% der Kinder klagten über häufige Erschöpfung aufgrund von Überarbeitung, Schnitten und Wunden vom Ziegeltragen und Prellungen durch Ziegel, die ihnen auf die Füße fielen. Die Kinder berichteten über Symptome, wie Schmerzen am Körper, zum Beispiel am Rücken, Hautkrankheiten, Augenprobleme, Kopfschmerzen, Durchfall und Atemschwierigkeiten, die zum Teil ihrer Arbeit zugeschrieben werden können (Box 5.5).[108]

Eine Querschnittsumfrage unter Ziegelarbeitern in Pakistan fand heraus, dass chronische Bronchitis, Asthma und Tuberkulose unter den Arbeitern in den Ziegelöfen viel häufiger auftraten, als in der Kontrollgruppe. Mädchen in Ziegelfabriken wurden oft schlecht ernährt und die Zahl unterernährter Mädchen war zweimal so hoch, wie die der Jungen. Alarmierende 68% der Jungen und 76% der Mädchen im Alter zwischen 10 und 14 Jahren besuchten nicht die Schule und waren Analphabeten.[109]

### > *Dienstleistungssektor und Arbeit auf der Straße*

*Ausmaß und Gefahren*

Viele Dienstleistungstätigkeiten finden auf der Straße statt: Dienst als Busbegleiter, als Bote, zum Transport von Waren, zum Schuhputzen, Waschen und der Fahrzeugbewachung, dem Verkauf von allen möglichen Dingen, von Nahrungsmitteln bis hin zu Blumen, die Arbeit auf Märkten und das Sammeln von recyclebaren Gütern, um nur wenige Tätigkeiten zu nennen.

Einige Kinder werden als Unterhalter beschäftigt und sind verpflichtet zu schauspielern, zu modeln oder anderweitig aufzutreten, manchmal unfreiwil-

---

108   WVC: How and why we work: Child workers in the informal economy in Phnom Penh and Battambang, WVC Bericht zum Kampf gegen die schlimmsten Formen der Kinderarbeit (Phnom Penh, Kambodscha, Peace and Justice Programme, 2005).

109   S. Awan et al.: Occupational safety and health hazards of brick kiln workers (Lahore, Pakistan, Zentrum für die Verbesserung von Arbeitsbedingungen & Umwelt, 2008).

# Erkenntnisse über gefährliche Kinderarbeit

lig. Nicht wenige dieser Tätigkeiten sind illegal, wie die Prostitution, der Verkauf von Drogen und Betteln. Für viele Kinder der Welt sind dies trotzdem übliche Methoden, um zu überleben.

Der Großteil der Forschung konzentriert sich auf Straßenkinder und ihren Gesundheitszustand als Resultat von Armut sowie den sozialen Gegebenheiten der Straßen. Es ist jedoch wichtig zwischen Straßenkindern und Kindern, die auf der Straße arbeiten, zum Beispiel Produkte verkaufen oder Dienste anbieten, zu differenzieren. Diese Diskussion konzentriert sich auf die Letzteren.

Arbeit im Freien kann schmutzige, harte Arbeit sein. Kinder sind extremen Wetterbedingungen, Verkehr, gewalttätigen Menschen und, im Fall von Müllkindern, möglicherweise kontaminierten Materialien ausgesetzt. In ständiger Berührung mit Gewalt, Kriminalität, illegalen Drogen, Tabak, Alkohol und Sex sind die Kinder sowohl körperlich als auch seelisch ständig in Gefahr. Tabelle 5.7 versucht einen Teil der Gefahren und gesundheitlichen Folgen von Arbeiten der Straße aufzulisten.

**Tabelle 5.7 Ausgewählte Liste von verbreiteten Tätigkeiten auf den Straßen, Gefahren und mögliche Konsequenzen**

| *Tätigkeit* | *Gefahren* | *Verletzungen und mögliche gesundheitliche Folgen* |
|---|---|---|
| Keramikherstellung und Transport | Schwere Lasten; lange Arbeitszeiten; unhygienische Bedingungen; dürftiger Zugang zu Nahrung; große Entfernung nach Hause; Gewalt; Berührung mit Alkohol, Zigaretten, Drogen und Erwachsenensprache; sexuelle Ausbeutung | Probleme des Bewegungsapparats; Risswunden und Blasen; Durchfall und andere bakterielle und virale Krankheiten; Mangelernährung; Depression; Sucht; psychologische Schäden; Geschlechtskrankheiten |

## in den verschiedenen Sektoren

| Tätigkeit | Gefahren | Verletzungen und mögliche gesundheitliche Folgen |
|---|---|---|
| Werkstattarbeit im Freien, wie Autoreparatur oder Arbeit auf dem Schrottplatz | Giftige Dämpfe und Flüssigkeiten; Säure von Batterien; Unordnung; rutschige Böden; scharfkantige Gegenstände; schwere und gefährliche Maschinen; Lärm | Erkrankung der Atemwege; Übelkeit; Verletzungen durch Stürze; |
| Suche nach verwertbaren Gegenständen auf Müllkippen | Scharfkantige Gegenstände; kontaminierte Objekte; Verkehr; Abgase; gekrümmte Körperhaltung; schwere Lasten; lange Arbeitszeiten; extreme Wetterbedingungen; Straßenkriminalität | Schnitte und Kratzer; Erschöpfung; Hautausschlag; Verlust des Gehörs Infektionskrankheiten, wie Tetanus; Deformationen an Gelenk und Knochen; Blasige Hände und Füße; Risswunden; Rücken- und Muskelverletzungen; Atemschwierigkeiten; Erfrierungen; Sonnenstich und andere thermale Belastungen; Dehydrierung; Tod oder Verletzung durch fahrende Fahrzeuge |
| Dienste, wie Schuhputzen oder Verkauf von Lebensmitteln | Straßenkriminalität; schädliche Chemikalien; heiße Oberflächen; lange Arbeitszeiten; extreme Wetterbedingungen | Verletzungen durch Überfälle; Ausschläge durch Schuhcreme; Atemschwierigkeiten durch Chemikalien oder Fahrzeuge; Hitzeschlag; Erschöpfung |
| Umgebung der Straße im Allgemeinen | Gewalt, Kriminalität, illegale Drogen; Tabak, Alkohol und Sex | Körperliche und geistige Schäden; Sucht |

## *Wissenschaftliche Beweise*

Missbrauch ist wahrscheinlich die häufigste Bedrohung, die Kinderarbeitern auf den Straßen begegnet: Eine Studie aus Indien berichtet von Missbrauch an 62% Prozent der Kinderarbeiter, wobei Jungs eher missbraucht werden als

## Erkenntnisse über gefährliche Kinderarbeit

Mädchen.[110] Eine zweite Studie aus der Türkei meldete eine Rate von 50%, wobei über die Hälfte der Missbrauchsfälle von mitarbeitenden Kindern verübt wurden.[111] Eine großangelegte Umfrage unter Straßenkindern bewies, dass bei 10 Arbeitsstunden mehr pro Woche, sich die Wahrscheinlichkeit eines Missbrauches um 8% erhöhte.[112]

*Lastentragen*
Ähnlich wie in der Bauindustrie bestehen die primären Gefahren für Kinder beim Tragen und dem Transport von schweren Lasten, was zu Knochen-, Gelenk- und Muskelproblemen führt. In Nepal berichteten Kinderarbeiter von Lasten, die mit 49 kg schwerer als ihr eigenes Gewicht waren.
Aber Probleme am Bewegungsapparat waren nicht die einzigen Schwierigkeiten. Missbrauch in den verschiedensten Ausprägungen, Mangelernährung und Untergewicht durch die weite Entfernung von zu Hause gehörten ebenfalls zu den negativen Aspekten. Eine Studie von Kinderlastenträgern ergab, dass 92% von ihnen bereits eine Verletzung während der Arbeitszeit erlitten haben, die Schmerzen am Bewegungsapparat (77%), Verstauchungen (72%), Platzwunden (39%) und Knochenbrüche (6%) einschloss. Annähernd 30% der Kinder litten an Anämie und 75% an verkümmertem Wuchs.[113]

---

110 M. Mathur et al.: „Incidence, type and intensity of abuse in street children in India", in Child Abuse and Neglect (2009), Vol. 33, Nr. 12, S. 907-913.

111 S.S. Celik and M.S. Baybuga: „Verbal, physical and sexual abuse among children working on the street", in Australian Journal of Advanced Nursing (2009), Vol. 26, Nr. 4, S. 14-22.

112 A.M. Pinzon-Rondon et al.: „Workplace abuse and economic exploitation of children working in the streets of Latin American cities", in International Journal of Occupational and Environmental Health (2010), Vol. 16, S. 162-169.

113 S. Doocy et al.: Nutrition and injury among child porters in Eastern Nepal (Johns Hopkins Bloomberg School of Public Health, Baltimore, MD, and United States Department of Labor, 2006).

# in den verschiedenen Sektoren

*Straßenverkäufer*

Eine Querschnittsstudie unter den jugendlichen Straßenverkäufern zeigte, dass 84% an Kopfschmerzen litten, 59,1% berichteten von Stress, 58,2% von Erschöpfung und 11% haben schon berufsbedingte Unfälle erlebt. Das häufigste, gesundheitliche Problem waren Beschwerden, ausgelöst durch Hitze (93,2%), Lärm (88,6%) und repetitive Bewegungen (84,1%).[114]

*Müllsammler*

Unter Müllsammlern findet sich eine große Anzahl gastrointestinaler Krankheiten sowie Krankheiten der Haut, der Atemwege und lebensbedrohlicher Tetanus. Andere Gefahren auf Mülldeponien sind Gewalt, Missbrauch von Drogen, besonders Alkohol und die Konkurrenz unter bewaffneten Gruppen. Eine Querschnittsstudie aus Nicaragua berichtete von Kindern, die als Müllsammler arbeiteten und durch das Einatmen des Staubes auf den Müllkippen den höchsten je gemessenen Wert von polybromiertem Diphenylethern (PBDEs) aufwiesen. PBDEs sind Gift für die Leber sowie die Schilddrüse und hemmen die Entwicklung des Nervensystems. Diese Studien zeigten auch erhöhte Werte von persistenten, organischen Schadstoffen, wie Quecksilber, Blei und Cadmium.[115]

Eine Serie von kleinen Studien auf den Philippinen beobachtete, dass die Lernfähigkeit von Müllkindern, sich mit der Zeitspanne, die die Kinder auf der Müllhalde arbeiteten, zunehmend verschlechterte. Ein möglicher Grund ist die Belastung mit polychloriertem Biphenylen (PCBs), Blei oder einer Vielzahl anderer Toxine, die bei der Verbrennung von Abfällen frei werden.[116]

---

114 M. Rojas et al.: „Trabajo infantil y salud en un mercado público de Valencia, Venezuela", in Revista de Salud Pública (2010), Vol. 12, Nr. 1, S. 135-143.
115 M. Athanasiadou et al.: „Polybrominated diphenyl ethers (PBDEs) and bioaccumulative hydroxylated PBDE metabolites in young humans from Managua, Nicaragua", in Environmental Health Perspectives (2008), Vol. 116, S. 400-408, doi: 10.1289/ehp.10713
116 S. Gunn and Z. Ostos: „Dilemmas in tackling child labour: The case of scavenger children in the Philippines", in International Labour Review (1992), Vol. 131, Nr. 6, S. 629-646.

# 6 Lösungen mit Aussicht auf Erfolg

>> Was nun folgt sind Momentaufnahmen von Konzepten und Lösungsvorschlägen, die es wert sind, ernsthaft betrachtet zu werden. Im Großen und Ganzen sind die einzelnen Zutaten zum Erfolg nicht besonders außergewöhnlich. Die meisten Ideen sind lediglich aus einem kleinen Pilotprojekt hier, oder einem Treffen dort entwachsen. Was diese Auswahl aber so bemerkenswert macht, ist, dass Menschen es wagten, die Verantwortung zu übernehmen und die Idee in größerem Maßstab umzusetzen.

Diese Beispiele – und es gibt noch viele, viele mehr – zeigen auf, wie Regierungen, Gewerkschaften, Arbeitgeberorganisationen, Arbeitsaufsichtsämter, zivilgesellschaftliche Organisationen und Experten für berufliche Sicherheit und Gesundheit (OSH) mit einer positiven Vision eine wirkliche Veränderung hervorrufen können.

Keine dieser Lösungen kann die Welt über Nacht ändern. Aber zusammengenommen repräsentieren diese Ideen Hoffnung und weisen den Weg in die richtige Richtung. Sektor für Sektor, Kind für Kind zeigen sie uns, wie man etwas bewegen kann.

## > *Regierungskonzepte*

*Unter Einsatz der „Liste der gefährlichen Arbeiten" einen politischen Wechsel anregen*

Als die Internationale Arbeitskonferenz im Jahr 1998 und 1999 die neuen Konventionen zum Schutz der gefährdeten Kinder (Konvention Nr. 182) in Betracht zog, einigten sich die Teilnehmer darauf, den nationalen Regierungen die Verantwortung zu überlassen, welche Tätigkeiten und Arbeitsbedingungen für Minderjährige verboten werden sollen.

Jedes Land ist verschieden, sowohl was das Profil der Industrien, der Beschäftigungen und Kapazitäten angeht. Statt eine standardisierte Liste der gefährlichen Arbeiten (die zwangsläufig für manche Länder irrelevant und im Allgemeinen nicht richtungsweisend gewesen wäre) vorzulegen, brachten die Teilnehmer der Konferenz ein Verfahren auf den Weg, das die Beseitigung gefährlicher Arbeit für Kinder gewährleisten sollte.[117]

Dieses Verfahren fordert von den Regierungen eine dreigliedrige Kommission einzuberufen, um die Liste der gefährlichen Arbeiten, „in Absprache mit" Arbeitern und Arbeitgebern, zu entwickeln. Dies führt die Dreigliedrigkeit in die Entwicklung und Umsetzung politischer Richtlinien ein.

Dabei setzen sich die drei Parteien, die am meisten über Arbeit und Arbeitsbedingungen wissen – und die Streitfrage aus drei verschiedenen, oft komplementären Perspektiven betrachten – zusammen. Gemeinsam beschließen sie, welche Arbeit für ein Kind oberhalb des Mindestalters „ok oder nicht ok" ist (Box 6.1).

---

117 Während die Konferenz nicht zustimmte der Konvention ein Mindestverzeichnis von Arten der gefährlichen Arbeit beizufügen, willigte sie stattdessen ein, eindeutige Querverweise zur Empfehlung Nr. 190 auszusprechen.

# Lösungen mit Aussicht auf Erfolg

**Box 6.1**

> - Konvention Nr. 138 und 182 verbieten beide die gefährlichen Arbeiten für Kinder unter 18 Jahren.
> - Wenn jedoch ein Land eine bestimmte Arbeit in die „Liste der gefährlichen Arbeiten" eintragen lässt, erlaubt Konvention Nr. 138, mit dreigliedriger Zustimmung, ausnahmsweise die „Beschäftigung oder Arbeit für Jugendliche ab 16 Jahren, sofern die Gesundheit, Sicherheit und Moral der betroffenen Personen vollständig gewahrt wird und der Arbeiter angemessene Instruktionen oder Ausbildungen für den jeweiligen Berufszweig erhalten hat".
> - Nicht viele Länder haben von dieser Abweichung Gebrauch gemacht, was bedeutet, dass Nationen, die den Konventionen zugestimmt haben, gefährliche Arbeit für Jugendliche unter 16 Jahren unter keinen Umständen rechtfertigen können.
> - Ein Kind mit beruflicher Ausbildung hat ebenso das Recht auf Schutz. Ausbildung ist keine Entschuldigung, ein Kind gefährlicher Arbeit auszusetzen.

Dies gibt den drei politischen Gliedern außerdem die Möglichkeit zu diskutieren, was es bedeutet ältere Jugendliche vor den Gefahren am Arbeitsplatz zu schützen und jüngere Kinder von möglicherweise gefährlichen Arbeitsplätzen zu entfernen. Da die Konvention Nr. 182 die Länder aufruft dies regelmäßig zu überprüfen, finden solche Debatten immer öfter statt. Es gehört zum Kontext dieser Diskussionen unter Arbeitern, Arbeitgeberorganisationen und der führenden Regierung, dass die Schlüsselparteien sich selbst die entscheidende Frage stellen: Was sollen wir dagegen tun?

**Box 6.2**

> Ein Beispiel, das zeigt, wie die Erstellung einer Liste von den jeweiligen Nationen angenommen aber nicht von Außen, wie ein rechtliches Gebot aufgedrängt wird, liefert uns Pakistan. Als Vorbereitung für die finale Diskussion und Einigung auf nationaler Ebene, waren schon im Jahr 2006 alle Provinzen des Landes durch die dreigliedrigen Beratungen gegangen. Dann im Jahr 2010 entschloss sich eine der Provinzen selbstständig die ursprüngliche Liste erneut durchzusehen und entdeckte so eine Form der gefährlichen Kinderarbeit, die typisch für den Standort dieser Provinz war: eine spezielle Art des Korbflechtens, die von Kindern ausgeübt wurde und für viele Schnittwunden und andere Probleme sorgte. Da Pakistan durch den Prozess der Listenerstellung bereits einmal gegangen war, konnten sie die Vulnerabilität von Kinderarbeitern sensibler einschätzen und waren eher bereit, die Initiative zu ergreifen und lokale Verordnungen zum Schutz der Kinder zu erlassen.

Von politischer Seite haben wir immer wieder beobachten können, dass die Verfügung der „Liste der gefährlichen Arbeiten" einen starken abschreckenden Effekt hat. Auf diese Weise können politische und institutionelle Strukturen für einen dauerhaften und nachhaltigen Schutz junger Beschäftigter sorgen.

Der Wechsel der gesellschaftlichen Einstellung gegenüber gefährlicher Kinderarbeit, durch das wachsende Bewusstsein der Risiken und durch eine Einführung angemessener Sanktionen, kann ebenfalls einen dauerhaften Effekt haben. Die Gesellschaft wird so gegen diese Formen der Arbeit mobilisiert.[118]
In der Tat: je stärker die OSH Kultur für alle Arbeiter ist, desto besser sind die Chancen, dass die „Liste der gefährlichen Arbeiten" für Kinder gefestigt, angewandt und durchgesetzt wird.

Erfahrungen haben uns gezeigt, dass sich Länder, in der Art wie sie den Prozess durchlaufen, stark unterscheiden. Dies wird unter anderem bei der Zusammensetzung des Komitees, der zugewiesenen finanziellen Mittel, der technische Unterstützung, der bewilligten Zeit und vor allem des politischen

---

118 ILO Youth Employment Programme: Conceptual framework on the linkages between child labour and youth employment (Genf, ILO, 2010).

## Lösungen mit Aussicht auf Erfolg

Willens deutlich. In der Dominikanischen Republik zum Beispiel, kommt das dreigliedrige Komitee in acht regionalen und einer nationalen Beratung zum Einsatz. 245 Interessengruppen nahmen an den neun Konsultationen teil. Im Honduras wurden mehr als 14 Seminare in verschiedenen Teilen des Landes abgehalten. Das Komitee des Libanons traf sich fünfmal und Seminare mit Interessengruppen wurden in drei Regionen des Landes organisiert.

Obwohl die meisten Länder eine Liste haben, (Tabelle 6.1) sind nicht selten Überarbeitungen nötig. Einige der Texte sind von Nachbarländern übernommen oder stammen sogar noch aus der Kolonialzeit; die meisten wurden in jüngster Zeit nicht überprüft und sind veraltet – schließen zum Beispiel nicht neue Industrien und Gefahren (lange Arbeitszeiten im Call Center oder in Fast Food Restaurants) mit ein.

Oft werden nur die „einfachen" Bereiche (z.B. Minenarbeit) und nicht die schwierigeren Themen abgedeckt. Dazu gehören Diskussionen über bestehende und etablierte mangelhafte Praktiken, z.B. in der Landwirtschaft (gibt es Tätigkeiten im landwirtschaftlichen Sektor – meist die Hauptstütze der Wirtschaft – die für Jugendliche verboten sein sollten?) oder der häuslichen Kinderarbeit (kann eine verbreitete und akzeptierte Vorgehensweise falsch sein?).

Es ist für jede Regierung, die der Konvention Nr. 182 zugestimmt hat (und selbst für die Wenigen, die das nicht getan haben) zweifellos möglich, in fünf Jahren (1) Beratungen zwischen Arbeitern und Arbeitgeberorganisationen einzuberufen und (2) eine „Liste der gefährlichen Arbeiten" zu erstellen oder zu erneuern.

## Tabelle 6.1 „Liste der gefährliche Arbeiten" von Region zu Region

| Region | Anzahl der Nationen |
|---|---|
| **Weltweit** | 183 |
| Liste existiert | 108 (14 in Überarbeitung) |
| Erste Liste in Arbeit | 47 |
| Nur generelles Verbot (keine Liste) | 20 |
| Keine Liste. Kein Verbot. | 8 |
| **Afrika** | 53 |
| Liste existiert | 28 (17 in Überarbeitung) |
| Erste Liste in Arbeit | 13 |
| Nur generelles Verbot (keine Liste) | 9 |
| Keine Liste. Kein Verbot. | 3 |
| **Amerika** | 35 |
| Liste existiert | 16 |
| Erste Liste in Arbeit | 14 |
| Nur generelles Verbot (keine Liste) | 5 |
| Keine Liste. Kein Verbot. | 0 |
| **Arabische Staaten** | 11 |
| Liste existiert | 8 (1 in Überarbeitung) |
| Erste Liste in Arbeit | 2 |
| Nur generelles Verbot (keine Liste) | 1 |
| Keine Liste. Kein Verbot. | 0 |
| **Asien und der Pazifik** | 33 |
| Liste existiert | 14 (2 in Überarbeitung) |
| Erste Liste in Arbeit | 11 |
| Nur generelles Verbot (keine Liste) | 4 |
| Keine Liste. Kein Verbot. | 4 |
| **Europa** | 51 |
| Liste existiert | 42 (4 in Überarbeitung) |
| Erste Liste in Arbeit | 7 |
| Nur generelles Verbot (keine Liste) | 1 |
| Keine Liste. Kein Verbot. | 1 |

# Lösungen mit Aussicht auf Erfolg

Wie schon oft gezeigt, ist die Zusammenstellung von gefährlichen Arbeiten eine Maßnahme, die Regierungen ergreifen können; es kostet Zeit, kein Geld und bringt die drei Schlüsselparteien an einen Tisch, um Handlungen zum zukünftigen Schutz der Kinder zu initiieren und aufrecht zu erhalten.

*Zusammengefasst sind die folgenden Faktoren für eine erfolgreiche Einrichtung der Liste ausschlaggebend:*

- » Zusammensetzung des Komitees. Der Prozess funktioniert nur, wenn eine wirkliche dreigliedrige Repräsentation und die Möglichkeit einer ganzheitlichen Debatte möglich ist und nicht nur ein „Experte" oder Sachbearbeiter einen Bericht anfertigt, der ohne weitere Diskussion angenommen wird.
- » Fachwissen im Bereich der Sektoren und Gesundheit. Es ist hilfreich eine Person mit OSH Ausbildung, einen Kinderarzt oder anderen Gesundheitsfachmann als Bezugsperson in den Prozess mit einzubeziehen. Außerdem sollten die Ministerien der wichtigsten beruflichen Sektoren, in denen Kinder beschäftigt sind (z.B. Landwirtschaft, Minenarbeit), repräsentiert werden.
- » Priorisierung. Die Liste muss alle Hauptformen der Kinderarbeit abdecken – auch die, die schwieriger zu behandeln sind – um eine rechtskräftige Grundlage zu schaffen. Da eine lange und komplizierte Liste schwer durchzusetzen ist, wird empfohlen, innerhalb der Liste Prioritäten zu setzen.

## *Dokumentation der Verletzungen und Krankheiten von Kinderarbeitern*

In den vergangenen 15 Jahren führten viele Länder Umfragen zum Thema Kinderarbeit durch. Obwohl diese Daten eine globale Schätzung der Gesamtanzahl von Kinderarbeitern erst möglich gemacht haben, stellten sich die meisten, in Bezug auf berufsbedingte Verletzungen und Krankheiten von Kindern, als nicht detailliert genug heraus, um ähnliche Schätzungen, zum Thema Auswirkung von gefährlicher Arbeit auf die Gesundheit von Kindern, durchzuführen.

Warum benötigen wir Schätzungen wie diese? Sie sind ein machtvolles Instrument, um die Aufmerksamkeit auf das Problem zu lenken und aufzuzeigen, wo Kinder, die gefährliche Arbeit verrichten, sich räumlich konzentrieren. Nicht zuletzt können so Prioritäten festgelegt und Gelder bewilligt werden. Kurz, Zahlen verleihen dem Problem Transparenz.

*Bewährte Verfahrensweisen*
Brasilien war eines der ersten Länder, das nämlich in den frühen 1990er Jahren begann, Daten über Kinderarbeit zu sammeln. Anschließend richtete es sein Programa de Erradicação do Trabalho Infantil (PETI) ein, um Kinder von „gefährlichen, gesundheitsschädigenden, entwürdigenden oder anderweitig qualvollen Arbeitsbedingungen"[119] zu entfernen und dessen Hauptziel es war, gefährdete Kinder in der Schule zu behalten.

Gestärkt durch Verbindungen zu einem viel größeren Programm – der Bolsa Família – stellt es an Bedingungen geknüpfte Bargeldüberweisung sowie Stipendien für über 11,3 Millionen arme Familien zur Verfügung. Das Netzwerk erreicht insgesamt 46 Millionen Menschen – was einem Viertel der brasilianischen Bevölkerung entspricht. Sowohl PETI als auch Bolsa Família werden durch ein umfangreiches Netz von Koordinierungsausschüssen unterstützt, in denen die lokalen Institutionen der Bildung, Wohlfahrt, Arbeit und anderer Organe repräsentiert werden.

Wenn ein Kinderarbeiter, zum Beispiel von einem Inspektor der Arbeitsaufsicht, ermittelt wird, ist der Koordinierungsausschuss für eine Intervention zuständig; er vollführt eine Eintragung in die nationale Kinderdatenbank und arrangiert dann die finanzielle Unterstützung der Familie des Kindes und die vollständige Rückkehr in die Schule. So weit so gut.

Was dabei bisher fehlte, war der Gesundheitsaspekt. Viele Betroffene von gefährlicher Kinderarbeit wurden zwar verletzt ... aber nicht vom System erfasst und noch weniger von den Statistiken. Nach Verhandlungen mit den

---

119  IPEC: Action against child labour: Highlights 2006 (Genf, ILO, 2006), S. 59-60.

# Lösungen mit Aussicht auf Erfolg

Gesundheitsbehörden konnte ein innovativer Fernlehrgang entwickelt werden, der die Arbeiter der Erstversorgung darin unterwies, berufsbedingte Verletzungen und Krankheiten bei Kindern unter 18 Jahren zu erkennen und aufzuzeichnen. Insgesamt gingen bis 2005 über 37.000 Erstversorger durch diesen Lehrgang. Die Zahlen über berufsbedingte Gesundheitszustände Jugendlicher bestätigen, dass das Gesundheitssystem die Verletzungen nun erfasst und auf die Bedürfnisse dieser verletzlichen Bevölkerungsgruppe eingeht.

*Großflächige Umsetzung*
Natürlich kann man auf den mittleren Einkommensstatus von Brasilien deuten und annehmen, dass Brasilien deshalb nicht mit anderen Nationen vergleichbar ist, die mit gefährlicher Kinderarbeit zu kämpfen haben. Trotzdem weist schon die Größe des Gebietes und der Bevölkerung darauf hin, dass Brasilien sich als wichtiges Modell für andere Nationen, besonders für große anbietet.

Interessant ist, dass das Projekt von einem Gouverneur aus einem der kleineren Staaten stammt und es in 15 Jahren, mit Vision und Willen, trotzdem geschafft hat, Ausbildungsprogramme für Gesundheitsarbeiter im ganzen Land zu schaffen. Im Jahr 2011 assistierten die Trainer des brasilianischen Programms in Nachbarländern – insbesondere Bolivien, Ecuador und Paraguay – um ein ähnliches Registrierungssystem aufzubauen und die Ersthelfer darin auszubilden, berufsbedingte Verletzungen bei Kindern zu erkennen.

Das Konzept ist nicht besonders kompliziert. Es erfordert ein Netzwerk – in diesem Fall – eines, das im ganzen Land im Einsatz ist und trotzdem vor allem die Wurzeln des Problems erreicht: die ländlichen Farm-Gebiete, städtische Slums, etc. Es ist das Konzept und nicht das ursprüngliche Ausbildungsteam, das sich jetzt über Lateinamerika hinweg, in Niger in Afrika und Bangladesh in Asien ausbreitet. Durch die Ausbreitung der Idee in einen völlig anderen kulturellen und wirtschaftlichen Kontext, kann sie von bereits bestehenden Basisnetzwerken übernommen werden.

*Wichtige Erkenntnisse*

- » Es gibt einige Elemente, die sich als entscheidend für eine erfolgreiche und großflächige Umsetzung herausstellten:
- » Ausführung von mehreren Programmen in Kombination. Ein Programm oder Ministerium kann nicht an mehreren Fronten gleichzeitig arbeiten (z.B. wirtschaftliche Entwicklung, Bildung und Gesundheit). Synergien können erreicht werden, wenn mehrere Institutionen aufeinander aufbauen und sich gegenseitig stärken.
- » Aufklärung. Maßnahmen werden nicht durchgeführt, bis eine umfangreiche Sensibilisierung unter Mitarbeitern der betroffenen Geschäftsstellen durchgeführt wurde.
- » Eine Gemeinschaft. Die multidisziplinären Komitees auf Gemeindeebene stellen die Basis, die nicht nur die Beiträge der verschiedenen Parteien koordiniert, sondern sie auch an die lokalen Begebenheiten anpasst.

## *Inspektoren der Arbeitsaufsicht schützen Kinder vor gefährlicher Arbeit*

In diesem Beispiel ist es die Arbeitsaufsichtsbehörde, die die Veränderung bewirken will. Am Beispiel der Türkei und anderer Länder wird ersichtlich, dass, wenn der Staat sich verpflichtet hat, entsprechend der Größe des Landes und der Einrichtungen, Arbeitsinspektoren bereit zu stellen, die Chancen gut stehen, Veränderungen zu bewirken. Den Arbeitsinspektoren muss er dafür ein ordentliches Gehalt und die regelmäßige Möglichkeit zur Weiterbildung, zum Thema der Kinderarbeit, bieten.

Am Fall der Türkei sehen wir heute, dass das Land die Beseitigung der Kinderarbeit als eines der zentralen Ziele seiner nationalen, wirtschaftlichen und sozialen Politik gemacht hat. Dies ermöglichte eine ganzheitliche Annäherung, bei der der Kampf gegen die Kinderarbeit in einige Regierungsorgane, mit der Arbeitsaufsichtsbehörde als Eingangsstelle, direkt integriert ist.

# Lösungen mit Aussicht auf Erfolg

So steht dem Arbeitsaufsichtsbüro mehr Geld zur Verfügung, um das Problem der gefährlichen Kinderarbeit anzugehen: es besitzt eine umfangreiche Mitarbeiter- und Feldstruktur, spielt eine nationale Rolle in der Politik und steht zur gleichen Zeit in Kontakt mit den Firmen, die Kinder und Jugendliche zum Arbeiten einstellen.

*Bewährte Verfahrensweisen*
Die Arbeitsaufsichtsbehörde begann ihren Kampf gegen gefährliche Kinderarbeit mit der Organisation von multisektoralen Koalitionen auf nationalem Level. Dazu gehören Arbeitgeber- und Arbeitnehmerverbindungen, das Ministerium der nationalen Bildung, Wohlfahrtseinrichtungen, Kinderschutzorganisationen und Forschungsinstitutionen. Bei der Entscheidung gegen welche Industrie zuerst vorgegangen werden sollte, fiel die Wahl, aufgrund der Nutzung von giftigen Farben und Lösungsmitteln, auf die Möbelindustrie. Im Folgenden wurden ähnliche Koalitionen in den betroffenen Regionen aufgebaut. Diese wurden Provinzhandlungskomitees (Provincial Action Committees = PACs) genannt und agierten unter der Schirmherrschaft der Provinzgouverneure.

Die Inspektoren bemühten sich um die Entwicklung von engen Beziehungen zwischen Gouverneuren, städtischen Mitarbeitern und lokalen Berufsbehörden für Gesundheit. Dies erzeugte ein Gefühl der Zuständigkeit und der gemeinsamen Verantwortung seitens der Kommunalbehörden, was durch ein Kooperationsprotokoll bekräftigt wurde. Durch die Berichterstattungen der PACs im jeweiligen Regierungsbezirk konnte sicher gestellt werden, dass die Regierung durchgehend über die Geschehnisse an der Basis informiert wurde und ein komplexes Verständnis für das Problem entwickeln konnte. Dies war bei der Errichtung örtlicher Initiativen besonders wichtig. Letztendlich war ausschlaggebend, dass die Gouverneure in der Position waren, die Kooperation zwischen sämtlichen Büros und Ministerien zu überwachen.

Obwohl frühere Inspektoren sich hauptsächlich um die Durchsetzung von Regelungen kümmerten, betonten sie nun die Prävention und die Botschaft, dass die Beseitigung der gefährlichen Kinderarbeit ein guter Weg sei, die Produktivität und Bedingungen im Möbelsektor zu verbessern. Durch diese Art der Annäherung und speziellen Ausbildungen im Bereich der Kommunikation und OSH begannen die Arbeitnehmer den Inspektoren in einem Maß Gehör zu schenken, wie sie es vorher nie getan hatten. Sie konnten Arbeitgeber und junge Arbeiter gleichermaßen für die Risiken und die Gründe einer Beseitigung von gefährlicher Kinderarbeit sensibilisieren und so für klare Resultate auf Unternehmensebene, Verbesserungen bei der Arbeitsplatzgestaltung und Sicherheit, sorgen.

Dieses Beispiel zeigt, wie die verschiedenen Aspekte des Problems angesprochen werden können, wenn ein einziges Amt die Führung übernimmt, es dennoch auf Zusammenarbeit setzt und so eine Vielzahl anderer Partner mit einbezieht. Tatsächlich stellt diese Struktur eine Plattform für einen sozialen Dialog zwischen Arbeitnehmer und Arbeitgeber bereit, was vorher nicht möglich war. Mit der gefährlichen Kinderarbeit als gemeinsames Anliegen gelang es der Türkei, trotz erheblicher ideologischer Unterschiede, die drei größten Gewerkschaften zu einem gemeinsamen Kampf zu versammeln.

*Großflächige Umsetzung*
Dieser Erfolg – erreicht durch die Führung der Arbeitsaufsichten und die Unterstützung der nationalen Politik – hallte in verschiedenen lateinamerikanischen Ländern wider. Als besonders machtvoll, auf kommunaler und staatlicher Ebene, stellten sich die Arbeitsinspektoren heraus. Sensibilisiert darauf, das Problem der Kinderarbeit mit Diskretion und Feingefühl zu behandeln und durch ihre Verbindungen zu einem nationalen System, hatten Arbeitsinspektoren die Möglichkeit Arbeitgeber, die wiederholt gegen die Regelungen verstießen, zu sanktionieren. Durch den gesetzlichen Auftrag alle Einrichtungen und Arbeitsplätze zu betreten, stellte das Arbeitsaufsichtsamt einen machtvollen Verbündeten im Kampf gegen die gefährliche Kinderarbeit dar.

Der Erfolg wird anhand der Zahlen sichtbar. Zwischen 1993 und 2005 erreichte das türkische Arbeitsaufsichtsbüro mehr als 10.000 Kinder in 28 Städ-

# Lösungen mit Aussicht auf Erfolg

ten, 12 verschiedenen Berufssektoren und 6 Sektoren der informellen Wirtschaft. Dies beweist, dass dieser Lösungsvorschlag, selbst in der informellen Wirtschaft, Wellen schlägt. Die Entwicklungen bei unsystematischen Projektansätzen in den letzten 5 Jahren waren dagegen weitaus weniger erfolgreich. Synergien, die wichtig für Nachhaltigkeit und Einflussnahme sind, konnten nicht entstehen. Mit dem Wandel hinzu einer umfassenderen, integrierenden, politischen Linie, begannen viele das Erfolgssystem zu kopieren ... das bis heute mit eigenen Geldern aufrecht erhalten werden konnte.

## Wichtige Erkenntnisse

» Nachhaltiger politischer Einsatz. Hauptausschlaggebend für den Erfolg des Konzepts war eine strenge politische Führung und politischer Wille auf nationaler Ebene. Dies bestand bereits seit Langem und wurde schließlich ganz bewusst von den Provinzen unterstützt.
» Einbezug aller Partner. Durch die Zusammenarbeit mit der Arbeitsaufsichtsbehörde konnten sich die Arbeitgeber- und Arbeitnehmerorganisationen auf eine effektive nationale Kampagne konzentrieren und ein Netzwerk gegen Kinderarbeit aufbauen.
» Ein Koordinationsmechanismus. Die Treffen und der Informationsaustausch der Handlungskomitees in den Provinzen erlaubten es den Partnern, Verbindungen zwischen den Strategien der Sektoren zu sehen und eine Einheitlichkeit von nationaler und lokaler Politik zu sichern.

## Verminderung von gefährlicher Kinderarbeit durch technologischen Wandel

Teppichherstellung von Hand, ist ein wichtiger handwerklicher Industriezweig in den ländlichen Gegenden verschiedener Länder Asiens, Nordafrikas und des Mittleren Ostens, wo Arbeitskräfte reichlich vorhanden und billig sind.

Die steigende Nachfrage nach Teppichen, geringe Löhne, Analphabetismus und die Verfügbarkeit von Kindern für höchst arbeitsintensive Industrien, hat beste Bedingungen für die Beschäftigung von Kindern als Teppichweber geschaffen. Eine Umfrage[120] in Pakistan ermittelte im Jahr 2002, allein in der Provinz Punjab, 154.956 Kinder[121] in Teppichwebereien, von denen 69% zwischen 5 und 14 Jahre alt waren (41% Jungen und 59% Mädchen) und die übrigen 31% zur Altersgruppe der 15-17 Jährigen gehörten. Das Handwerk des Teppichwebens ist, für Kinder unter 14 Jahren in Pakistan gesetzlich untersagt.[122] Da das Gesetz viele Familien nicht erreicht, ist die Kinderarbeit in armen Familien und ländlichen Gegenden weit verbreitet und für viele die einzige Lebensgrundlage.

Eine Gesundheitsstudie mit Kontrollgruppen aus dem Jahr 2010 zeigte,[123] dass Teppichweber im Allgemeinen, durch ihre geduckte Haltung und den vermehrten Einsatz ihrer Handgelenke und Schultern, an Störungen des Bewegungsapparats litten (Karpaltunnelsyndrom, Knieprobleme und Schmerzen im unteren Rücken, im Nacken und in den Schultern).

Bei Mädchen waren muskuloskelettale Störungen häufiger als bei Jungen, weil sie dazu neigten, länger zu arbeiten, weniger zu trainieren und noch unzureichender ernährt waren. Dies wurde wiederum durch die schlechte sanitäre Lage, dem Mangel an Erster Hilfe, Licht und guter Belüftung in den armen Haushalten verstärkt. Folglich erkrankten die Arbeiter mit größerer Wahrscheinlichkeit an den Atemwegen oder fingen sich, bedingt durch das Wohnumfeld, andere Krankheiten ein (z.B. Krätze).

Sozialer und psychologischer Stress war für Kinder, die weben weiter verbreitet und intensiver als in der Kontrollgruppe. Die Daten belegten zum Beispiel,

---

120  Ergebnisse einer unveröffentlichten Studie der Kinderarbeit in der Teppichweber-Industrie in Punjab, IPEC Carpet Project (Lahore, 2002).
121  107.066 Kinder davon, gehören zur Altersgruppe der 5-14 Jährigen, während die übrigen 47.890 zu den 15-17 Jährigen gehören. Gemäß der Ergebnisse dieser Studie leisten Kinder im Alter von 5-14 Jahren 60,37% der Arbeitskraft im Sektor des Teppich webens und Frauen, Kinder einbegriffen, leisten annähernd 80% der Arbeitskraft.
122  ILO: National labour law profile: Islamic Republic of Pakistan, Employment of Children Act 1991; Rules 1995, Regierung von Pakistan.
123  S. Awan et al.: „Health hazards, injury problems, and workplace conditions of children in three districts of Punjab, Pakistan", in International Journal of Occupational and Environmental Health (2010), Vol. 16, Nr. 2, S. 115-121.

# Lösungen mit Aussicht auf Erfolg

dass sie eher körperliche Bestrafungen zu befürchten haben und ein bemerkenswert hoher Anteil der Kinder wies Schnitte und Schürfwunden auf.

Diese Arbeitsbedingungen sind weder für die Produktivität, noch für die Qualität förderlich, da immer mehr Gesundheitsprobleme auftreten, je länger die Arbeiter in dieser Branche arbeiten. So verliert die Industrie nach und nach gut ausgebildete Arbeiter und ist auf Kinder angewiesen, die vergleichbar nur schlechtere Qualitäten liefern können.

*Bewährte Verfahrensweisen*
Die Agentur für Sicherheit und Gesundheitsschutz am Arbeitsplatz übernahm in diesem Fall die Führung und vor allem zwei Problematiken in Angriff. Mit Hilfe eines Verbesserungsvorschlags konnte sowohl die Produktivität verbessert, als auch gefährliche Kinderarbeit verringert werden. Das Institut entwarf einen ergonomischen Webstuhl, der für Erwachsene passend, für Kinder jedoch ungeeignet war.

Mit dem neuen Webstuhl begannen erfahrene und erwachsene Weber die Arbeit der Kinder zu übernehmen, komplexere Designs zu entwickeln und damit mehr Geld zu verlangen. Jedes der Gesundheits- und Sicherheitsprobleme am Webstuhl, welches Jugendliche im Arbeitsalter und die Produktivität von Erwachsenen gefährdete, wurde nach und nach gelöst: riskante Anbringungen wurden entfernt, Rücken- und Fußstützen hinzugefügt, gefährliche Riegel und Haken rekonfiguriert und der gesamte Webstuhl freistehend konstruiert, sodass er nicht an die Innenwand eines Hauses angebracht werden musste, wo wenig Licht oder frische Luft war.

Das Institut testete den neuen Webstuhl mit 30 Familien, überarbeitete ihn, testete ihn erneut und führte währenddessen Vor- und Nachhertests bezüglich der Gesundheit der Arbeiter durch und kontrollierte das Alter der Weber. Innerhalb von 18 Monaten konnte eine erkennbar rückläufige Entwicklung der Gesundheitsbeschwerden beobachtet werden. Es gab, dank der Sicherheitskontrollen, weniger Verletzungen und aufgrund der angenehmen Sitzposition, der verbesserten Lichtverhältnisse, Staubkontrollen und der besseren

Belüftungen weniger Stress. Nachdem das Pilot-Testprogramm die Vorteile des verbesserten Webstuhls aufgezeigt hatte, begann die örtliche Regierung ärmere Familien bei der Anschaffung eines verbesserten Webstuhls finanziell zu unterstützen.

## Großflächige Umsetzung

Die Nachfrage nach handgeknüpften und handgewebten Teppichen steigt, insbesondere in den Industrienationen. In den Jahren 2008-2009 betrug der Gesamtwert der Teppichexporte Indiens über 600 Millionen US$. Der Weltexport für Fußbodenbeläge, handgearbeitete Teppiche eingeschlossen, lag im Jahr 2003 bei geschätzten 9,575 Billionen US$.[124] Diese Industrie ist nicht nur für die nationale Wirtschaft, sondern ganz besonders für ländliche und/oder ressourcenarme Gegenden wichtig. Sie besitzt auch einen sozialen Wert, da so begehrte und herrliche Traditionen am Leben erhalten werden. Demzufolge ist eine Innovation, die die Produktivität erhöht, aber die Risiken von gefährlicher Kinderarbeit verringert, eine exzellente Lösung, die eine weltweite Verbreitung verdient.

Die Teppichweberei ist nur eine Industrie. Es existieren noch viele weitere, in denen technologische Innovationen der Schlüssel für den Abbau gefährlicher Kinderarbeit sind und eine geregelte Beschäftigung Jugendlicher vorantreiben können. Eine ILO Studie aus dem Jahr 2007, die die historischen und aktuellen Veränderungen der Kinderarbeit in Zusammenhang mit technologischem Fortschritt überprüfte, schloss damit, dass Innovationen erfolgreich bei der Bekämpfung von gefährlicher Kinderarbeit angewendet werden, wenn die kulturellen und finanziellen Faktoren jeder Industrie individuell betrachtet werden. Nur so können die finanziellen Spielräume der Arbeitgeber, die Kosten einer neuen Technologie, das Potential an Gewinnsteigerung und der mögliche Einfluss auf die Gehälter der Familie (einige technologische Innovationen haben zu einer Verminderung der Beschäftigung von Erwachsenen, vor allem Frauen, geführt) abgeschätzt werden.

---

124  Vereinte Nationen: Yearbook of International Trade Statistics 2004, Vol. I (New York, 2004).

## Lösungen mit Aussicht auf Erfolg

Jede Innovation, die zur Reduzierung von gefährlicher Kinderarbeit beiträgt, sollte außerdem mit einem verbesserten Zugang zur Schulbildung einhergehen. Ungeachtet von warnenden Berichten, die besagen, dass neue Technologien auch neue Gefahren schaffen können und im Hinblick auf gefährliche Kinderarbeit, scheint es, als ob Innovationen eher akzeptiert würden, wenn ihre Einführung Gefahren verringern, denen sich auch erwachsene Arbeiter ausgesetzt fühlen.[125]

*Wichtige Erkenntnisse*

» Reagieren auf soziale Werte. Neben der Notwendigkeit, auf die Angelegenheiten der OSH einzugehen, müssen die technischen Neuerungen auf soziale Anforderungen ebenso gut eingehen, wie vorherige Systeme.
» Kosteneffektivität. Die Technologie muss, entweder durch das verwendete Material oder die Bereitstellung von Zuschüssen, ausreichend günstig sein, so dass die Bedürftigsten sie sich leisten können.
» Änderung der Einstellung. Aufklärungsarbeit und soziale Mobilisierungen sind nötig, um die Arbeitnehmer und Arbeitgeber zu überzeugen, sich weg von traditionellen Methoden und hin zu produktiveren und gesünderen, neuen Modellen zu bewegen.

> *Führung durch Arbeitgeber*
Auf der Ebene der Einzelunternehmen – ob Farm, Büro oder Werkstatt – ist der entscheidende Schlüssel zum Schutz erwachsener Arbeiter die Sensibilisierung der Arbeitgeber für berufliche Sicherheit und Gesundheit und ihr Wissen darüber, was für junge Arbeiter zulässig ist und was nicht. Eine gezielte Bewertung und Verringerung des Risikos kann gefährliche Arbeit sogar in eine möglicherweise, angemessene Beschäftigung von Jugendlichen verwandeln. Die formelle und informelle Wirtschaft waren früher zwei getrennte Welten – das aber verändert sich. Gewerbe vergeben Subunternehmerverträge und werden so mehr und mehr zu unabhängigen Produzenten und Arbeitge-

---

125   R. Galli: Child labour and technology: Lessons from the past and the present (ILO, 2007), unveröffentlichte Arbeitsunterlagen.

berorganisationen, die die informellen Industrien der Landwirtschaft, Minenarbeit, Manufaktur und des Dienstleistungsgewerbes immer weiter unterstützen.

Auf globaler Ebene verlangen multinationale Unternehmen von ihren Zulieferern, die Arbeitspraktiken zu verbessern und verhandeln mit branchenspezifischen Gewerkschaftsverbänden über ein systematisches weltweites Abkommen zur Achtung der Grundrechte bei der Arbeit sowie der Abschaffung von Kinderarbeit in den Arbeitsabläufen, Zuliefererketten und weiteren Einflussbereichen.

*Verminderung von gefährlicher Kinderarbeit durch Maßnahmen am Arbeitsplatz*

Strategien zur Verbesserung der Bedingungen für junge Arbeiter am Arbeitsplatz enthalten meist zahlreiche Arten von Schutzmaßnahmen: Arbeitszeiten können verringert, Nachtarbeit oder in der Nacht zur Arbeit zu gehen, kann für Jugendliche unter 18 Jahren verboten werden; Richtlinien gegen Belästigungen können verfügt werden; Jugendliche können von gefährlichen Substanzen, Werkzeugen oder Ausrüstungen geschützt werden; angemessene Ruhezeiten können gefordert werden; und so weiter. Nach dem Vorbild Großbritanniens können Arbeitgeber auch Arbeitsplatzrisikoeinschätzungen durchführen, die direkt auf die größere Vulnerabilität und das erhöhte Risiko vor Verletzungen, aufgrund der Unerfahrenheit von jungen Arbeitern unter 18 Jahren, ausgerichtet ist.

Wenn möglich sollte dies unter der Anleitung einer Person mit OSH Ausbildung geschehen; zum Beispiel einem OSH Spezialisten oder einem Inspektor der Arbeitsaufsicht. Dennoch sind immer mehr Mittel verfügbar, die auch den Arbeitgebern die Wichtigkeit einer Risikoverringerung näher bringen. Diese können nun bewerten, ob die Arbeitsumgebung für Arbeiter, die älter als 15 Jahre sind, geeignet ist, außerdem die Ernsthaftigkeit der Risiken beurteilen und letztendlich überprüfen, ob die Gefahren für jugendliche Arbeiter ausreichend reduziert wurden.

Eine Maßnahme, die sich als besonders wirkungsvoll herausgestellt hat, ist die Erstellung von firmeneigenen Richtlinien für junge Arbeiter. Führende Unter-

# Lösungen mit Aussicht auf Erfolg

nehmen fügten zum Beispiel explizite Klauseln, betreffend der Tätigkeiten und Bedingungen junger Arbeiter, in ihren Code of Conduct ein (auch allgemein als Geschäftsphilosophie, Wertekonzept, Handelsnorm oder Unternehmensrichtlinie bezeichnet). Unter anderem wurde dies durchgeführt, um den Ansprüchen der Konsumenten, in Bezug auf „saubere" Güter, die frei von Kinderarbeit sind, nachzukommen.[126] Vor allem war es jedoch gut für das Geschäft. Ein Handbuch für Arbeitgeber empfiehlt: „Durch den Code können alle Arbeitnehmer […] auf die Richtlinien der Kinderarbeit, die Auswahl der Arbeitskräfte und die einzelnen Schritte hingewiesen werden, die nötig sind, um Kinder oder junge Arbeiter von gefährlichen Arbeitsbedingungen zu befreien."[127]

Ein Schlüsselelement des Codes, ist die Überprüfung des Alters. Um jegliche Unterstellungen zu vermeiden, Firmen würden Jugendliche unter dem Mindestalter für gefährliche Arbeiten beschäftigen, entschieden manche Unternehmen keine Arbeiter unter 21 Jahren einzustellen. Dies ist betrüblich, da es Jugendlichen über dem Mindestalter im Endeffekt alle Möglichkeiten nimmt, in die Berufswelt einzutreten. Eine verträglichere Strategie ist es, das Alter der jungen Bewerber durch offizielle Dokumente zu überprüfen, oder wenn keine existieren, Sachverständige hinzuzuziehen bzw. die jungen Arbeiter in einer risikoarmen Tätigkeit zu platzieren, bis sie ein Alter von 18 Jahren erreicht haben.

Firmen, die dem Druck einer Produktion auf bedarfsorientierter Basis für den internationalen Markt unterlegen sind und immer schneller und billiger produzieren müssen, neigen häufig dazu, grundlegende berufliche Sicherheits- und Gesundheitsnormen sowie positive Arbeitsprozesse außer Kraft zu setzen. Deshalb führen Arbeitgeber gerne politische Richtlinien und Strategien ein, die es ihnen ermöglichen, gegen diesen Druck zu bestehen, besonders wenn es sich bei den Betroffenen, um junge Menschen handelt.

---

126     ILO-ACT/EMP und IOE: Eliminating child labour. Guide 2: How employers can eliminate child labour (Genf, ILO, 2007), S. 39.
127     ebd., S. 41.

Einige Länder haben spezielle Richtlinien für Lehrlinge und Jugendliche erstellt, die Berufserfahrung sammeln wollen. Diese verlangen, dass junge Menschen, bevor sie die Arbeit antreten, angemessene Gesundheits- und Sicherheitstrainings absolvieren müssen, die die Gefahren der Arbeit, sowie Vorsichtsmaßnahmen aufzeigen und auf die Pflicht aller hinweisen, zusammen zu arbeiten. Außerdem muss angesprochen werden, was die jungen Arbeiter von ihren Arbeitgebern erwarten können.

Diese Art des Einführungstraining für Jugendliche ist mit einer Unterstützung der Arbeitgeber am Effektivsten. Dies erfordert eine Sensibilisierung für die besondere Vulnerabilität von Jugendlichen; das Ziel der Unternehmen ist aber vor allem die Produktivität einfach und pragmatisch mit kostengünstigen und praktischen Verbesserungen zu erhöhen. Diese Umgestaltungen beinhalten sowohl nicht-greifbare (Festhalten am Gesetz für Kinderarbeit, Ermutigung zum sozialen Dialog), als auch konkrete Verbesserungen (Veränderungen in der Maschinerie und der Arbeitsplatzgestaltung).

Zusätzlich zu den Lehrgängen für Arbeitgeber und Jugendliche müssen Arbeitsverwaltungen und andere Marktgesellschaften bewusster mit den Gesetzen zur Kinderarbeit und den grundlegenden Sicherheits- und Gesundheitsprinzipien umgehen. In der eiligen Absicht Arbeiten für Jugendliche zur Verfügung zu stellen, scheinen die Folgen für die Gesundheit der Beschäftigten „vom Radar verschwunden zu sein". Dabei ist es nicht einmal schwer, Lehrgänge zum Thema Risiko und Gefahren in jedes Ausbildungsprogramm und Regelbuch aufzunehmen!

## *Bewährte Verfahrensweisen*
Ein Programm zur Verbesserung der Bedingungen am Arbeitsplatz (Workplace Improvement Programme = WIP), wurde unter den schwierigen Bedingungen der Slums in Dhaka, der Hauptstadt von Bangladesh durchgeführt. Eine Stadt, in der Kinder sowohl über, als auch unter dem Alter von 14 Jahren in Reparaturwerkstätten, kleinen Herstellungsbetrieben und Dienstleistungen aller Art beschäftigt sind.

## Lösungen mit Aussicht auf Erfolg

Ziel war es, den Arbeitgebern klar zu machen, wie positive Veränderungen in einem Arbeitsumfeld erreicht werden können, welche die Risiken für Kinder minimieren. Das WIP konzentrierte sich dabei auf fünf große, informelle Sektoren aus Dhaka. Dazu gehörten der Bereich der Lichttechnik, der Elektrik, der Schumachertätigkeiten sowie der Autoreparatur und der Holzmöbelproduktion. Viele der Kinder, die in diesen Industrien arbeiteten, wurden oft jahrelang informell ausgebildet. Ein großer Anteil der Kinder wohnte am Arbeitsplatz, wobei die Arbeitgeber oft als Beschützer auftraten und den Kindern eine grundlegende Unterkunft, Nahrung, Essen, Kleidung und auch Schutz anboten.

Das Programm konzentrierte sich auf Arbeitgeber in Mikro- und Kleinstunternehmen (Micro and Small Enterprises = MSEs), die ältere Kinder über dem gesetzlichen Mindestalter, aber unter dem Alter von 18 Jahren beschäftigten. Partizipative Trainingsmethoden wurden eingesetzt, um die Verbindung von verbesserten Arbeitsbedingungen und größerem geschäftlichen Erfolg zu demonstrieren und Sicherheits-, Gesundheits- und Umweltausschüsse zu etablieren, die sich aus den Geschäftsinhabern aller fünf Sektoren zusammensetzen. Auf Empfehlung des Komitees wurden Anreize, in Form von Geldmitteln, für Arbeitgeber geschaffen, die sich mit Fragestellungen der gefährlichen Arbeit beschäftigen. Ein Team aus drei Mitarbeitern leitete die Trainingseinheiten und überwachte die Geldmittel.

Die Arbeitgeber lernten so einen Sinn dafür zu entwickeln, was bezüglich der Arbeitsbedingungen von Jugendlichen unter 18 Jahren angebracht ist. Die Aktionen regten ebenfalls den Wettbewerb (um die Geldmittel) an, konkrete OSH Maßnahmen stärker zu integrieren, um für eine höhere Qualität der Erzeugnisse, eine höhere Produktivität und bessere Arbeitsbedingungen zu sorgen. Dazu gehörte zum Beispiel die Anbringung von Decken, die Installation von Abluftventilatoren, bessere elektrische Verkabelungen und Lichtsysteme, neue Abfallentsorgungsmaßnahmen sowie die Benutzung sicherer Werkzeuge und Geräte.[128]

---

128 Persönliche Kommunikation: Sharfuddin Khan, Programmkoordinator des Urban

Tatsache ist, dass die WIP Methode in anderen urbanen und informellen Umgebungen ebenso umgesetzt werden könnte. Die Zusammenführung von Wirtschaftsförderung und menschenwürdiger Arbeit, mit besonderem Blick auf die allmähliche Reduzierung der schlimmsten Arten der Kinderarbeit, ist ein ehrgeiziges aber erreichbares Ziel.[129]

*Wichtige Erkenntnisse*

» Verminderung der Arbeitszeiten. Arbeitgeber sind in der Position, eine beträchtliche Prozentzahl der schlimmsten Formen der Kinderarbeit zu beseitigen, indem sie die Arbeitsstunden verringern und die Benutzung von gefährlichen Werkzeugen und Chemikalien unterbinden.

» Übernehmen von Sicherheitsmaßnahmen. Arbeitgeber sind geneigt, Sicherheitsmaßnahmen zu übernehmen, besonders wenn junge Arbeiter betroffen sind oder Unternehmen ihren Profit gleichzeitig steigern können.

» Erschaffen einer jugend-orientierten OSH Politik in jedem Unternehmen. Gesundheits- und Sicherheitsrichtlinien müssen die Berufsfelder abdecken, in denen Jugendliche die eigene Gesundheit und Sicherheit oder die anderer Menschen aufs Spiel setzen.

*Trainingsmaterial für ländliche Gegenden*

In der Landwirtschaft lassen sich einige der besten Beispiele finden, bei denen Arbeitgeber die Initiative gegen gefährliche Kinderarbeit ergriffen haben. Einige der größten Industriezweige sind beteiligt: Die Kakao-, Tabak-, Zucker-, Tee- und Kaffeeindustrie, und ebenso lokalere Industrien, wie die Blumenproduktion sowie Palmöl- und Kautschukplantagen. Mit Hinblick auf die ländliche Landwirtschaft, als immer noch größte Beschäftigungsart weltweit, ist es wünschenswert, Kinder über dem Mindestalter unter ordentlichen, nicht-ausbeuterischen Bedingungen, weiter zu beschäftigen.

---

129 Informal Economy Projekts, der IPEC, Dhaka, Bangladesh. ebd.

# Lösungen mit Aussicht auf Erfolg

*Bewährte Verfahrensweisen 1*
Die Arbeitgeber in den Plantagenbetrieben in Indonesien waren bei der Entwicklung des Leitfadens, Verbesserung der Sicherheits-, Gesundheits-, und Arbeitsbedingungen auf Plantagen. Ein praktisches Handbuch für den Plantagensektor, für Arbeiter, Familienmitglieder der Arbeiter, Aufsichten, Geschäftsführer, Arbeitgeber und Menschen, die in der Nähe von Plantagen wohnen von entscheidender Wichtigkeit. Das Schriftstück wurde anhand der Befunde von OSH Studien über Kautschuk-, Tabak-, und Palmölplantagen entwickelt, in denen Beschäftigte aus dem formellen und informellen Plantagen (meist erwachsene Arbeiter) befragt wurden, um ihre Erfahrungen, Perspektiven und Bedürfnisse besser zu verstehen.

Das Richtlinienhandbuch liefert Ideen über mögliche Schritte, um die Sicherheits-, Gesundheits- und Arbeitsstandards im Plantagensektor zu verbessern und die Kinderarbeit auf Plantagen letztendlich vollständig zu beseitigen. Grundlegende Prinzipien der OSH werden mit Illustrationen von einfachen, preiswerten und trotzdem effektiven Aktionen vorgestellt, die die Arbeitsplatzkonditionen in relativ kurzer Zeit verbessern können.

Die Leitlinien diskutieren Fragestellungen, die für die Kinderarbeit von Bedeutung sind. In der Diskussion über Chemikalien, argumentieren sie zum Beispiel, dass Kinder unter 18 Jahren nicht mit gefährlichen Chemikalien bei der Arbeit belastet werden dürfen. In der Debatte über Verbesserungen der Arbeitsmethoden und ergonomischen Bedingungen heben die Richtlinien hervor, dass es Kindern unter 18 Jahren nicht erlaubt ist, schwere Lasten zu heben/tragen und verweisen auf eine Regulierung der gefährlichen Kinderarbeit.

Die Richtlinien konnten bereits in Lehrgängen auf lokaler Ebene in Nord-Sumatra, Lampung und Ost Java angewandt werden. Diese Workshops sollen auch den Einsatz von Interessenvertretern oder Teilnehmern stärken, um die OSH Bedingungen auf den Plantagen zu verbessern und gleichzeitig den Einbezug von jüngeren Kindern in gefährliche Arbeiten zu beenden.

*Bewährte Verfahrensweisen 2*
El Salvador konnte maßgebliche Erfolge bei der Beseitigung von gefährlicher Kinderarbeit in der Rohrzuckerindustrie verbuchen. Das Ernten von Zuckerrohr ist gefährlich, weil die Arbeiter scharfe Macheten benutzen, um das Zuckerrohr zu ernten, Brandrodung betreiben und Arbeiter in langen Arbeitsstunden in der heißen Sonne, schwere Lasten transportieren müssen und Luft atmen, die so dick wie Rauch ist. Die Rohrzucker Erzeugergemeinschaft unterschrieb 2002, zusammen mit der Regierung von El Salvador, eine Absichtserklärung, um die Kinderarbeit in der Zuckerindustrie abzuschaffen. Mit einer Strategie, die von Aufklärungsarbeit, Verbesserungen in der Bildung, Schulungen und von den Gemeinden organisierter Überwachungsmechanismen bestimmt war, gelang es die Anzahl von Kinderarbeitern in der Zuckerrohrindustrie von 12.380 im Jahr 2004 auf 1.559 im Jahr 2009 zu verringern.[130]

Die internationalen Märkte bestärkten den Beschluss der Zuckerproduzenten in El Salvador und auch anderen Länder, wie den Philippinen. Dieser Impuls von Außen, ein Impuls der Hauptexportmärkte und größten Abnehmerländer, ermöglichte es, die Probleme auf höchster Ebene anzusprechen.

Verschiedene Faktoren trugen zu dem Erfolg des Konzepts bei: Durchführung der Bestimmungen des regionalen Handelsabkommens (CAFTA),[131] wachsendes Bewusstsein im Geschäftssektor, vergrößerter Druck aus dem Ausland, Wandel des politischen Willens, Anwendung eines klareren Code of Conduct der Rohrzucker Erzeugergemeinschaft und die Übernahme von Dienstleistungen des öffentlichen Sektors, die vom privaten Sektor verwaltet werden. Auch sorgte der ständige Dialog zwischen den Vereinigungen der Zuckerrohrproduzenten und der Regierungen, ausgehandelt von der IPEC, für eine verlässliche Informationsbasis, direktes Durchgreifen und die Stärkung der eingebundenen, sozialen Partner.

---

130   IPEC: Elimination of the worst forms of child labour in sugarcane sector: A different world is possible (El Salvador, ILO, 2010).
131   US Handelsministerium: Central America Free Trade Agreement (Washington, DC, 2004).

# Lösungen mit Aussicht auf Erfolg

*Wichtige Erkenntnisse*

- » Kombination von internen und externen Impulsgebern. Durch die Nutzung des Drucks von Außen konnten die Zuckerproduzenten sich weiter und schneller entwickeln, als mit eigener Kraft.
- » Formalisierung von Vereinbarungen. Um sicherzustellen, dass Angelegenheiten trotz widriger Umstände weitergeführt werden, war es sinnvoll, ein von den Parteien unterschriebenes Memorandum vorweisen zu können.

> *Führung durch Gewerkschaften*

Einige Gewerkschaften, die jugendliche Arbeiter vertreten, geben denjenigen eine Stimme, die vorher keine hatten. Andere Gewerkschaften mit wenig Kinderarbeit in ihrem Sektor, agieren deshalb zwar anders, haben das Grundprinzip der Beseitigung von Kinderarbeit stets vor Augen.2[132]

Allzu oft sind Fertigungsprozesse so konzipiert, dass von den Arbeitern erwartet wird, mit höherem Druck mehr zu produzieren, dafür weniger Schutz aber eine größere Arbeitsplatzsicherheit zu erfahren. Dabei riskieren die Arbeiter häufig ihre Gesundheit und ihr Leben für das Einkommen. Im Verband mit den Gewerkschaften dagegen vorzugehen, ist ein erster Schritt in Richtung sicherer Arbeitsplätze für jüngere und ältere Arbeiter.

Es gibt praktisch keine Kinderarbeit in den Fabriken und Werkstätten, in denen sozialer Dialog betrieben wird und die organisierte Arbeiterschaft über Konditionen, betreffend der Einhaltung von Standards und angemessener Arbeiten, mit den Arbeitgebern verhandeln kann. Die große Herausforderung ist es, mit der pulsierenden aber undurchsichtigen Welt der informellen Wirtschaft umzugehen, die weder reguliert, noch überprüft werden kann und in der Gesetze keine Wirkung zeigen.

---

132  IPEC: Accelerating action against child labour (Genf, ILO, 2010).

Gewerkschaften haben begonnen, Arbeiter aus der informellen Wirtschaft zu organisieren und gleichzeitig die grundlegenden Richtlinien der Arbeit, einschließlich der Beseitigung von Kinderarbeit einzusetzen. So haben sie es auch zu Beginn der Gewerkschaftsbewegung in Europa getan.

Die Frage der gefährlichen Kinderarbeit ist in der Tat eine Eingangsstelle für Organisationsbemühungen der Gewerkschaften und Verbesserungen der Arbeitsbedingungen, da Arbeitgeber die Vorteile für das Unternehmen sowie die ethische Wichtigkeit von sicheren und gesunden Arbeitsplätzen, ohne Kinderarbeit, schnell erkennen können. Die ILO Resolution über die Beschäftigung von Jugendlichen, übernommen von der Internationalen Arbeitskonferenz im Jahr 2005, rief auf „ Arbeiter- und Arbeitgeberorganisationen weitreichender auftreten zu lassen und junge Arbeiter einzubeziehen … um sicherzustellen, dass ihre speziellen Bedürfnisse in den Prozessen des sozialen Dialogs und der Tarifverhandlungen berücksichtigt werden".[133]

*Verminderung von gefährlicher Kinderarbeit durch Schulung und Repräsentation*
In den meisten Industrieländern verlangt es nicht nur das Gesetz, dass junge Menschen von risikoreichen Arbeiten – Arbeiten, die in der Liste der gefährlichen Arbeiten für Kinder verzeichnet sind - ferngehalten werden, sie müssen außerdem spezielle Ausbildungen absolvieren und dabei genau überwacht werden. Während es eigentlich die Pflicht des Arbeitgebers ist, diese Schulungen und Beaufsichtigungen anzubieten, sind es oft erwachsene Arbeiter, die diese Aufgaben auf unzureichender, informeller Grundlage leisten.

Schulungen sollten immer betonen, dass junge Arbeiter die gleichen grundlegenden Arbeitsrechte wie Erwachsene haben, einschließlich dem Recht einer Gewerkschaft beizutreten oder eine zu gründen. Dies sind universelle Rechte, die auf alle Arbeiter, sowohl in der Landwirtschaft als auch im häuslichen Sektor, gleichermaßen zutreffen – ob in der formalen oder der informellen Wirtschaft und ungeachtet, ob sie in einem Beschäftigungsverhältnis stehen oder

---

[133] ILO: Resolution of the International Labour Conference, 93. Sitzung (Genf, 2005), S. 11.

## Lösungen mit Aussicht auf Erfolg

die Beziehung formal anerkannt ist. Junge Arbeiter sollten ermuntert werden, ihre Rechte auf Vereinigungsfreiheit auszunutzen und von ihren Vorteilen zu profitieren.

Gewerkschaften übernahmen in der letzten Zeit oftmals die Führung, um eine formellere Struktur in den Institutionen zu schaffen und die berufliche Gesundheit und Sicherheit zu fördern. Dies schließt auch gemeinsame Gesundheitsausschüsse oder die Einsetzung von Gesundheitsbeauftragten mit ein. Beides war hilfreich, die Anliegen der Arbeiter, den Arbeitgebern näher zu bringen. Viele von ihnen haben sich einer guten Ausbildung unterzogen, um die Gesundheitsrisiken in der Arbeitsumgebung zu erkennen.

Größere Unternehmen besitzen zum Teil Gesundheitsausschüsse. Diese setzen sich aus Personen zusammen, die die Arbeiter und Arbeitgeber repräsentieren und zusammen für eine Verbesserung der Gesundheits- und Sicherheitsbedingungen am Arbeitsplatz kämpfen. Diese Komitees ermitteln mögliche Gesundheits- und Sicherheitsprobleme, informieren das Firmenmanagement um dagegen vorzugehen und unterrichten die Arbeiter stetig über Gesundheits- und Sicherheitsentwicklungen. Auf diesem Weg helfen sie sicherzustellen, dass alles getan wird, um die Gefahren für Gesundheit und Sicherheit zu beseitigen.

*Bewährte Verhaltensweisen 1*
„Bewegliche Sicherheitsbeauftragte", so hieß das Konzept, um auf die Bedürfnisse von kleinen Firmen einzugehen. Diese zeichnet zwar ein besonders hohes Verletzungsrisiko aus, sie sind aber nur selten von Gewerkschaften organisiert und auch die internen Strukturen zur Beratung zwischen Management und Arbeiterschaft sind ungenügend. Doch genau in diesen Betrieben ist es am Wahrscheinlichsten auf gefährliche Kinderarbeit zu stoßen. Kleinere Unternehmen, mit einer sehr geringen Gewinnspanne, achten gewöhnlich nicht auf die beruflichen Gesundheits-, Sicherheits- und Kinderarbeitsverordnungen, die größere Firmen aufstellen und benötigen deshalb viel häufigere

Kontrollen von externen Institutionen, wie der Arbeitsaufsicht oder den Sicherheitsbeauftragten der Gewerkschaften. Die Pionierarbeit für dieses Konzept leistete Schweden, später wurde es flächendeckender umgesetzt. Obwohl oft Arbeitgeber, Arbeiterschaft und Regierung zusammenarbeiten, sind es häufig die Gewerkschaften, die die Fürsprache und auch die Führung übernehmen. In einem Pilot-Projekt in Großbritannien besuchten „Berater der Arbeitssicherheit", gemeint sind erfahrene Gewerkschaftsvertreter, die Arbeitsplätze mindestens drei Mal in einem Zeitraum von 9 Monaten: beim ersten Mal zur Einarbeitung, beim zweiten Mal, um auf einzelne Aspekte des ersten Besuchs genauer einzugehen und beim dritten Mal, um Veränderungen zu überprüfen. Die Absicht dieser Berater war es nicht, die Bedingungen zu „inspizieren" oder OSH Ratschläge zu geben, sondern die Bildung von Kommunikationsstrukturen zu erleichtern, in denen Arbeiter ihre Arbeitgeber auf Sicherheitsbedenken hinweisen konnten. Dies wurde von Arbeitgebern gut angenommen und regte die vermehrte Einbindung von Arbeitern in OSH Angelegenheiten an.1[134]

*Bewährte Verhaltensweisen 2*
Social Media (z.B. interaktive Internetseiten, Blogs, Facebook, YouTube Videos) werden immer häufiger benutzt, um junge Arbeiter zu organisieren, sie über Gesundheits- und Sicherheitsprobleme zu informieren und für diejenigen Unterstützung anzubieten, die sich in Arbeitsstreitigkeiten befinden. Innovative Programme wurden in Finnland, Neuseeland und Irland ins Leben gerufen und geben Anlass zur Hoffnung, dass junge Arbeiter, die abgelegen leben und ansonsten „auf sich allein gestellt" wären, in gefährlichen Situationen Hilfe erfahren können.

So war es einer Gruppe von jungen Menschen, die mitten in einem Tarifverhandlungsprozess steckten möglich, Fragen auf eine moderierte Pinnwand oder schwarzes Brett online zu stellen und Antworten von anderen zu erbit-

---

[134] ITUC: OHS Reps @ Work (2003). Erhältlich hier: http://www.ohsrep.org.au/news-views/people-in-ohs/owen-tudor-unions-and-ohs/index.cfm

## Lösungen mit Aussicht auf Erfolg

ten. Fragestellungen konnten auf diese Weise täglich, in einer geschlossenen Gruppe, mit erfahreneren Kollegen besprochen werden. Diese Methode ist sehr jugendorientiert, zugänglich und erlaubt es, problematische Situationen bereits früh anzugehen.[135] Videos sind besonders hilfreich, um jungen Menschen die Gefahren am Arbeitsplatz wirkungsvoll zu vermitteln.

*Großflächige Umsetzung*
Eine Umsetzung des Konzepts wurde bisher vor allem im Kontext einzelner Industrien und Berufssparten betrachtet, wie dem Baugewerbe oder dem Hotelwesen/Tourismus. Mit der steigenden Anzahl und Verfügbarkeit von Online Kursen, sind die Gewerkschaften nun aber in der Lage die Anzahl der Sicherheitsbeauftragten erhöhen zu können und Schulungen zum Thema Gesundheit im Beruf zu beschleunigen.

Beispiele für einige Schulungsmöglichkeiten sind in Anhang II zu finden. In den letzten Jahren wurden in mehreren afrikanischen Ländern und Sektoren Gesundheits- und Sicherheitskomitees gegründet; dies beweist, dass OSH Komitees und bewegliche Sicherheitsbeauftragte anwendungsorientierte Lösungen bieten können.

*Wichtige Erkenntnisse*

» Ermutigung von jungen Menschen zum Engagement in Gewerkschaften. Egal ob in Vollzeit-Beschäftigung oder Ausbildung, junge Menschen sind auf die Unterstützung von Gewerkschaften, nicht zuletzt bei Vertragsverhandlungen und um Ausbildungsmöglichkeiten wahrzunehmen, angewiesen.

» Spezielle Überwachungen durch OSH und Betreuung der jungen Arbeiter. Die Gesundheit und Sicherheit von jungen Arbeitern sollte immer ein besonderer Bestandteil von Sicherheitskomitee-Treffen sein und Kontrolleure sollten geschult werden, die Gesundheits- und Sicherheitsvorschriften junger Menschen effektiv zu überprüfen.

---

135  MUA: Social media organizing techniques, MUA Young Workers Conference,, Strachan Crang, Dez. 2009.

## >Schutz von Kindern vor gefährlicher Landarbeit

Es ist nicht allzu schwierig gefährliche Kinderarbeit in Ballungsräumen zu entdecken; einmal ausfindig gemacht, fällt es leicht zu entscheiden, was dagegen getan werden muss. Völlig anders ist die Situation in den entlegenen Regionen eines Landes – Subsistenzwirtschaft, Weideland, ausgedehnter Anbau von Monokulturen, Wälder, Wüsten und bergige Gegenden, in denen Minen ihren Platz haben, ferne Inseln und so weiter. Wir können diese Gebiete nicht einfach vergessen, weil sie schwer zugänglich sind. Die Kinder, die dort leben und arbeiten, verdienen unseren Schutz ebenso.

Sind sich Menschen in ländlichen Gebieten über die berufsbedingten Gefahren für Kinder bewusst? Oder akzeptieren sie Verletzungen zwangsläufig als Teil ihres Lebens? Ist Armut in diesen Gegenden so weit verbreitet, dass es im besten Interesse von Kindern ist, zum Unterhalt der eigenen Familie beizutragen?

Gewerkschaften, besonders diese aus der Landwirtschaft und Minenarbeit, haben gezeigt, dass es möglich ist, abgelegene Gemeinden zu erreichen und einen Einfluss auf die gefährliche Kinderarbeit dort zu haben. Sie haben eine Macht, die andere nicht haben.

Die General Agricultural Workers' Union (GAWU) aus Ghana wurde 1948 von Kakaobauern gegründet. Sie breitete sich allmählich auf alle landwirtschaftliche Bereiche, die Fischerei eingeschlossen, aus. Obwohl die GAWU Plantagenarbeiter unterstützte, war ihre Stärke schon immer die Arbeit mit Kleinbauern, sei es wirtschaftlichen Gruppen (Bauern, die die gleichen Feldfrüchte anbauten, z.B. Kautschuk, Palmen, Baumwolle, Reis, Kakao) oder Gemeinden.

Durch die Zusammenarbeit mit wirtschaftlichen Gruppen hat die Gewerkschaft starke Werkzeuge zur Verfügung. Sie kann Arbeiter oder Vertragsbauern in ihren Vertragsverhandlungen mit Plantagenbesitzern unterstützen, indem sie zum Beispiel Klauseln in die Verträge einfügt, die vorschreiben, dass es keinem Kind erlaubt ist auf der Plantage zu arbeiten, bzw., dass ordentliche

## Lösungen mit Aussicht auf Erfolg

Schulen für Kinder auf oder in der Nähe von Plantagen vorhanden sein müssen. Dank regelmäßiger Schulungen durch die Gewerkschaft und verschiedener Bildungsaktivitäten kann auf die Bedeutung der richtigen Nutzung von Pestiziden sowie den Effekt, den Pestizide auf junge Arbeiter haben, hingewiesen werden. Die Rolle der Gewerkschaften als Fürsprecher für Arbeiter und Vertragsbauern ermöglicht ihnen den Kontakt zu Grundbesitzern und die Chance, den Bauern einen Weg aus der Armut zu weisen.

Besonders erfolgreich beim Kampf gegen gefährliche Kinderarbeit war dieses Konzept der GAWU in Gemeinden, die mit lokalen Gewerkschaften zusammenarbeiteten. Die Vorstellung von vielen, Gewerkschaftler würden nur bezahlte Vollzeitkräfte unterstützen, erschwerte den Zugang zu den Gemeinden anfangs zwar stark, zwei Lösungsansätze funktionierten jedoch hervorragend: Ausbildung über OSH (Studienzirkel Methodologie); und das Lösen unmittelbarer lokaler Probleme.

*Bewährte Verhaltensweisen*
Das OSH Training findet an Tagen statt, an denen Farmer nicht auf ihren Hof gehen müssen, bzw. die Hofarbeit erledigt haben. Ein geschulter Gewerkschaftler hält eine kurze Rede auf einem zentralen Platz, präsentiert einfache Informationen mit Zeichnungen auf Flipcharts und reicht dann Broschüren herum, die zum Beispiel die Gefahren einer unkorrekten Nutzung einzelner Chemikalien aufzeigen. Viele Farmer schätzen den Wert von Pestiziden so hoch ein, dass sie sie schützen wollen und zum Beispiel in Räumen lagern, in denen die Familie isst und schläft; sie realisieren auch nicht die Gefahr, die sich für Kinder stellt, wenn die Mittel auf den Feldern versprüht werden. Mit Bildern, die zeigen, wie Pestizide in den Körper eindringen, was sie im Körper verursachen und wie es aussieht, wenn Kinder durch Pestizide und andere Chemikalien erkranken, beginnen die Bauern die Verbindung zwischen Gefahr und Resultat zu erkennen. Vieles wird ihnen auf einmal klar, wenn sie die Bilder mit den Krankheiten und Verletzungen, die sie in ihrem Dorf sehen, verbinden. Sie stellen auch, zum ersten Mal, die Verbindung zwischen der Gewerkschaft und ihrer Bedeutung als Instrument für den eigenen Arbeitsschutz her. Es ist wie

ein Weckruf. Andere effektive Methoden waren der Einsatz von Illustrationen des Körpers und bestehender Gefahren, die von der IUF in Zusammenarbeit mit der ILO entwickelt wurden.

Sogar bis in die Mongolei schaffte es dieses Konzept der Gewerkschaften. In all den Gemeinden, rund um informelle Minenstandorte, begannen Gewerkschaften mit einem einzigen, einfachen Leitspruch: „Kein Kind in den Gruben". Dies war ein Konzept, das beinahe jeder akzeptieren konnte, besonders nachdem der Ausbilder seinem Publikum die Zusammenhänge von Arbeit und den Gesundheitsproblemen Jugendlicher aufzeigte und mit Flipcharts über die Gefahren von Quecksilber berichtete. Dann, Schritt für Schritt, kamen neue Konzepte hinzu und Minenarbeiter wurden allmählich aufgeklärt, was für sie sicher und für junge Arbeiter gefährlich ist. Zwar scheinen die Entwicklungen langsam voranzugehen, dafür aber nachhaltig.

Den zweiten Ansatz, den die GAWU in Ghana anwendet – die Lösung lokaler Probleme – führt zu einer tiefgehenden, strukturellen Verschiebung, durch die die aufgeklärten Gemeinden, ihre eigenen Angelegenheiten selbst in die Hand nehmen können. Im Verlauf von Versammlungen, die normalerweise sehr informell ablaufen, ermutigt ein ausgebildeter Vermittler die Gemeindemitglieder Themen anzusprechen, die sie persönlich betreffen. Früher oder später wird dann ein Problem, das sich auf Kinder bezieht, angesprochen.

Dies ist die Möglichkeit über Kinderrechte, den Wert von Bildung und die Beteiligung von Kindern an gefährlicher Arbeit zu diskutieren. Um das Thema dann wieder aufzugreifen und in eine Handlungskette einzuschließen, werden folgende Maßnahmen getroffen: am Anfang stehen Gespräche mit Lehrern über Kinder, die besondere Aufmerksamkeit brauchen; ist die Aufmerksamkeit der Lehrer gesichert, ist es nötig, die Gemeindeführer oder Oberhäupter, mit denen sie enge Verbindungen pflegen, einzubeziehen; sobald sich auch die Chiefs der Ernsthaftigkeit bewusst sind, werden die Eltern informiert und wenn nötig zu Sanktionen aufgerufen.

*Großflächige Umsetzung*

## Lösungen mit Aussicht auf Erfolg

Auch ländliche Gemeinden werden sich dem Konzept anschließen, sobald es gilt das Problem zu lösen. Jede Fragestellung kann dabei ein Mittel zur Mobilisierung sein. „Beseitigen der gefährlichen Kinderarbeit" war bereits eine erfolgreiche Strategie, um nationenweit eine großflächigere Umsetzung zu bewirken, die die Gemeinden mobilisiert und sensibilisiert, auf die Probleme ihrer Kinder direkt zu reagieren. In Ghana organisierten die Gewerkschaften zwei eigene Gruppen, um ihre Anliegen zu verteidigen; sogar Clubs wurden in den Schulen gegründet. Gefährliche Kinderarbeit wurde zum Ansatzpunkt, um weitreichendere Bedürfnisse der Menschen in Gemeinden anzusprechen. Die Schulungen, die von den Gewerkschaften angeboten wurden, halfen den Bauern sich zu organisieren und sich für ihre Rechte einzusetzen. Dieser Prozess förderte auch die Nachhaltigkeit in einem hohen Maße.

Nicht-Regierungs Organisationen (NROs) und Verbände können sich gegenseitig ergänzen. Auf der Ebene der Gemeinden fördern Gewerkschaften die Sensibilisierung, Organisation und Schulung für einen Wandel, während die NROs unmittelbare Ausbildungen anbieten und Kindern sowie ihren Familien benötigte Sozialeinrichtungen zugänglich machen. Ihrerseits eignen sich die Gewerkschaften dafür, die Oberhäupter der Gemeinden zu motivieren, damit die gesamte Bevölkerung von den Verbesserungen profitieren kann.

Auch auf nationaler Ebene haben Gewerkschaften einen besonderen Vorteil, sie ziehen nämlich nicht nur die Aufmerksamkeit der Bevölkerung auf sich, sondern sind sowohl für den Privatsektor als auch die Regierung in höchstem Maße interessant. Im Jahr 2009 zum Beispiel beschloss der Zambia Congress of Trade Unions (ZCTU) eine nationale Regelung für Kinderarbeit, die in einem umfassenden Beratungsprozess mit Interessensvertretern, der Regierung, nationaler Arbeitgeberorganisationen und zivilgesellschaftlicher Organisationen erarbeitet wurde. Sie hat die Aufgabe andere Grundsätze und Gesetze zu beeinflussen, zu ergänzen und zu stärken. Ähnliches geschah in Niger, als die Verbände eine Gewerkschaftskoalition mit dem Namen Intersyndicale de lutte contre le travail des enfants au Niger gegen Kinderarbeit begründeten. Zusätzlich zu ihrer Rolle als Sprachrohr und Streithilfe auf politischem Level, diente die Gewerkschaftskoalition auch als eine Arbeitsgruppe für Projektplanung und Management, um den sozialen Dialog gegen gefährliche Kinderarbeit auf nationaler Ebene effektiver anzuregen.

Zur gleichen Zeit, als das nationale Regelwerk in Sambia formuliert wurde, beschlossen verschiedene Gewerkschaftsverbände,[136] gemeinsam gegen eine der gefährlichsten Arten der Kinderarbeit vorzugehen: die traditionelle Minenarbeit. Die Verbände leiteten die strategischen Planungen, mobilisierten die betroffenen Gemeinden, organisierten Aufklärungsveranstaltungen und sorgten für unmittelbare Unterstützung.

Mit noch nie dagewesener Entschlossenheit übertrugen die Gewerkschaften ihre Maßnahmen auf nationale Ebene. Sie luden afrikanische Schwesterorganisationen, wie die Central Organization of Trade Unions aus Kenia und die National Organization of Trade Unions aus Uganda ein, um noch mehr Fachwissen zusammen zutragen. Gefährliche Kinderarbeit wurde demzufolge ein Problembereich, der Arbeiter über nationale Grenzen hinweg, im Sinne einer Süd-Süd Kooperation, vereinte. Die Fortschritte bei der Beseitigung der gefährlichen Kinderarbeit in den Minen von Sambia sind das Resultat dieser Zusammenarbeit.

*Wichtige Erkenntnisse*

» Simple Botschaften simpel präsentieren.
» Hören auf die unmittelbaren Anliegen der Gemeinde … und Handeln.
» Vereinigungen über sektorale und nationale Grenzen hinweg.
» Erkennen der unterschiedlichen Gruppierungen und Sektoren innerhalb der Gemeinden.
» Ermutigen der Gemeinden mit Optimismus und Tatkraft.

---

136   Die ZCTU, der Verband der freien Gewerkschaften, sowie die Arbeitsverbands- und Edelsteingewerkschaften, zusammen mit dem Arbeitgeberverband und dem Verein des Kleinbergbaus von Sambia.

# Lösungen mit Aussicht auf Erfolg

> *Kommunale Konzepte*

Es ist grundsätzlich einfacher, gefährliche Kinderarbeit zu verhindern und sicherzustellen, dass alle Kinder zur Schule gehen und Familien, die kaum über die Runden kommen, sozialen Schutz anzubieten, als Kinder zu erreichen, die bereits in irgend einer Form der gefährlichen Arbeit gefangen sind. Der größte Anteil dieser Kinder besucht nicht die Schule und so kann ihre Abwesenheit nicht einmal von Lehrern bemerkt werden; wahrscheinlich arbeiten sie außerdem an abgelegenen Plätzen, sodass die allgemeine Öffentlichkeit und soziale Organisationen sie nicht erfassen. Dazu kommt, dass die betroffenen Kinder möglicherweise an informellen Arbeitsplätzen beschäftigt sind, wo die Arbeitsinspektoren, wenn überhaupt, nur selten vorbeikommen. Wenn ihre Beschäftigung illegal oder von der Gesellschaft als schändlich empfunden wird, verstecken die Kinder sich möglicherweise sogar. Wie kann man sie also finden?

*Ausschau halten nach gefährlicher Kinderarbeit:*
*Child Labour Monitoring*

Ein Element der Kinderarbeitsprogramme, welches besonders auf Nachhaltigkeit ausgelegt ist, ist das Child Labour Monitoring (CLM) System. Diese Methode wurde zur vorübergehenden Unterstützung der Inspektoren der Arbeitsaufsicht entwickelt, um die informellen Arbeitsplätze, in denen Kinderarbeit am Häufigsten auftritt und beinahe alle Arbeiten, die ein körperliches oder psychologisches Risiko beinhalten, zu erreichen.

In seiner einfachsten Form führt dabei ein Team aus drei Gemeindemitgliedern (z.B. Lehrer, Mitglieder aus einem Frauenverein oder ein pensionierter Polizist) eine Schulung an, in der erörtert wird, wie Kinderarbeit überwacht werden kann. In regelmäßigen Zeitabständen besucht das Team dann Plätze, wo Kinder mit großer Wahrscheinlichkeit arbeiten. Sobald sie ein betroffenes Kind aufgespürt haben, berichten sie von dem Fall im eigens zusammengesetzten Gemeindekomitee, einem Arbeitsinspektor oder der lokalen Regierungsrepräsentation, die dann Maßnahmen ergreifen. Abhängig von der Situation des Kindes empfiehlt das Komitee die Vorgehensweise. Im Fall von jüngeren

Kindern bedeutet dies zum Beispiel die Entfernung vom Arbeitsplatz und die Aufnahme in ein angemessenes Bildungsprogramm; bei älteren Jugendlichen soll versucht werden, das Arbeitsumfeld zu verbessern und zu überwachen; die Unterstützung der Familie ist eine weitere Option.

*Bewährte Handlungsweise*
In Vietnam wurde ein CLM System eingeführt, um Kinder, die unter gefährlichen Bedingungen z.b. auf Märkten, in Kunststofffabriken, auf Mülldeponien, in der Grasmattenproduktion und bei der Herstellung von Baumaterial arbeiten, erfassen zu können. Es handelt sich dabei um ein gemeinsames Projekt der Frauenunion, dem „Ministerium für Arbeit, Invaliden und Sozialwesen" (MOLISA), Lehrern, der Bildungsverwaltung, Sozialarbeitern, Kommunalbehörden und dem Komitee für Bevölkerung, Familie und Kinder.

Um das CLM System zu unterstützen, wurde ein rechnergestütztes Netzwerk in Verbindung mit einer Webseite entwickelt, das geeignet ist, Kinder aufzuspüren und besonders effektiv für eine Datensammlung und Analyse genutzt werden kann. Diese Datenbank enthält Informationen, die den Arbeitsstatus von Kindern und ihren Familien in den Zielgebieten betreffen, sowie Profile von Kindern, ihren Bedürfnissen und den durchgeführten Maßnahmen. Das CLM System in Vietnam wurde durch die Nutzung von Informationstechnologien ermöglicht und erlaubt es, Informationen an alle Partner weiterzugeben.

*Großflächige Umsetzung*
Die Länder Albanien, Rumänien und Ukraine haben alle die Grundlage für ein nationales CLM System entwickelt, es von den Ministerien autorisieren lassen, die ersten Pilot-Tests durchgeführt und die Methode in anderen (oder allen) Gebieten verbreiten lassen. Diese Länder leiteten dann die Schulungskurse für andere zentralasiatische Staaten: Kasachstan, Kirgistan, Tadschikistan und Usbekistan. Im Hinblick auf die vergleichsweise strengeren Arbeitsinspektionen in diesen Ländern, spielten die Arbeitsaufseher eine maßgebli-

# Lösungen mit Aussicht auf Erfolg

che Rolle in der Arbeit der CLM. Aber auch andere Partner, eingeschlossen Beamte der Sozialfürsorge, der Bildung, die Gewerkschaften, Elternverbände, Dienstbeamte und die allgemeine Polizei, wurden einbezogen. Um die Nachhaltigkeit zu stärken, fertigte jedes der Länder, in seiner eigenen Sprache, ein angepasstes Richtlinienkonzept für das CLM System an.

*Wichtige Erkenntnisse*

- » Training. CLM liefert den Rahmen für Lehrgänge, um Kinderarbeiter in verschiedenen Situationen zu überwachen, ihnen zuzuhören, sie zu verstehen und zu beurteilen, warum sie arbeiten – dies ist ausschlaggebend für den Erfolg.
- » Priorisieren. Die Arbeit mit CLM schließt ein, sich auf spezifische Sektoren oder Standorte zu beschränken und zu beurteilen, welche Kinder gefährdet sind in die Kinderarbeit abzurutschen; dies trägt zum Erfolg aller Partner bei.

*Schutz von arbeitenden Kindern: Es beginnt in der Gemeinde*

In dem Versuch einen wesentlichen Rückgang der schlimmsten Formen der Kinderarbeit zu bewirken, entscheiden viele Hilfsprojekte, sich für die Dauer ihrer Arbeit, auf eine bestimmte Art der gefährlichen Kinderarbeit – die Fischerei, zum Beispiel – zu konzentrieren. Die klassischen Maßnahmen sind dabei die Rehabilitierung und Entfernung der Jugendlichen vom Arbeitsplatz, oft kombiniert mit politischen Zielen. In der Tat führt dies zu einem Rückgang von Kindern, die in gefährlichen Arbeiten beschäftigt sind. Sie erhalten zum Beispiel einen Schulplatz ... oder begeben sich einfach in irgendein anderes Umfeld. Es ist die letztere Möglichkeit, die uns Sorgen bereitet.

Niemand entscheidet sich für gefährliche Kinderarbeit freiwillig. Kinder enden dort, weil es für sie scheinbar keine Alternative gibt. Um Kinder davon abzuhalten, gefährliche Kinderarbeit zu verrichten, ist es deshalb keine Lösung, eine Art der Kinderarbeit durch eine andere abzulösen. Stattdessen ist ein nachhaltiger Ansatz nötig, um in einem Gebiet zu arbeiten und gegen alle Formen der Kinderarbeit, die sich in diesem Gebiet finden, entschlossen vorzugehen.

Die Verlagerung von einer „sektoralen" zu einer „regionsbezogenen" Vorgehensweise führt zu der Gestaltung eines umfassenden, integrierenden Arbeitsstils. Karnataka (Bundesstaat in Indien), mit 52,7 Millionen Einwohnern, bezüglich der Größe vergleichbar mit vielen Ländern, entschied sich nicht nur für eine Verlagerung von einem sektoralen zu einem regionsbezogenen Ansatz, sondern verlagerte den Fokus vom einzelnen Kind auf den gesamten Familienhaushalt und sozialen Hintergrund des Kindes. Auf diesem Weg ist es möglich, eventuelle Faktoren der gefährlichen Kinderarbeit, wie die Gefahren im Haushalt und die Armutsbekämpfung sowie Beschäftigungsmaßnahmen für Erwachsene, mit einzubeziehen. Dies verpflichtet die Politik, ein unterstützendes System für gefährdete Haushalte und Gemeinden einzuführen.

*Bewährte Verhaltensweisen*

Die Theorie, die der Vorgehensweise von Karnataka zugrunde liegt, ist, dass die Beseitigung der gefährlichen Kinderarbeit vom Anfang bis zum Ende in den Händen der Gemeinde und im Besonderen der Eltern, liegt. Zur Beseitigung von gefährlicher Kinderarbeit hat Karnataka sich demnach entschlossen, mit Selbsthilfegruppen (SHGs) zu arbeiten. Eine SHG ist eine Gruppe von 15-20 Frauen, die sich vordringlich um den Zugang zu Kleinkrediten für Investitionen kümmert. Es handelt sich dabei um Frauen, die in Frauenrechten und anderen Themen ausgebildet sind, die sie ermächtigen und befähigen, gemeinsam für ihr Wohl einzutreten und die ausgebildet und motiviert sind, sich in der Erkennung, Weiterleitung und Prävention von Kinderarbeit zu engagieren.

Jede Gruppe trifft sich einmal in der Woche, um ihre kleinen, finanziellen Tätigkeiten zu überprüfen, weitere Ausbildungen zu erhalten und die Situation von Kindern in der Gemeinde zu diskutieren. Wird ein Kind gefunden, das arbeitet, wird Gruppendruck auf die Mutter ausgeübt und die Gruppe versucht, Lösungen für deren Probleme zu finden und sie mit angemessenen Sozialprogrammen in Kontakt, zu bringen. Dies nennen wir die erste Ebene der Resonanz.

# Lösungen mit Aussicht auf Erfolg

Auf der zweiten Ebene der Resonanz wird ein Fall von Kinderarbeit zu örtlichen Schulbeamten weitergeleitet, die das Zuhause des arbeitenden Kindes aufsuchen und die Eltern beraten. Eine Weiterleitung zum Gram Panchayat – dezentrale örtliche Behörde, mit Verbindungen zu einer Vielzahl von Regierungsprogrammen (Entwicklung der Fähigkeiten, Beschäftigungsverhältnis für Lohn, Unterkunft, etc.) - ist die dritte Ebene der Resonanz.

In der Praxis werden 90% der Fälle von Kinderarbeit auf einer der drei Ebenen der Resonanz gelöst. In den seltenen ungelösten Fällen bedeutet die vierte Ebene der Resonanz eine Weiterleitung der Fälle zu den Arbeits- und Fabrikaufsichtsbehörden auf Staatsebene, um die Kinder zu retten und Arbeitgeber eventuell zu belangen.

*Großflächige Umsetzung*
Dieses Modell hängt besonders von den Gemeinden ab und es gehört deshalb zu den wichtigsten Schritten auf dem Weg einer großflächigen Umsetzung, die bestehenden Gruppen in den Gemeinden zu bewerten. Einige gehen formell und somit erkennbar vor, während andere sich in Hinblick auf ein punktuelles Problem zusammengefunden haben. In Indien und Bangladesh, wo Gruppen existieren, die Einkommen generieren und wo Frauengruppen über ihre Ersparnisse diskutieren können, existieren bereits gute Grundlagen; auch Schulkomitees oder Müttervereinigungen sind effektiv.

Das Potential dieses Konzepts wird als sehr gut eingeschätzt, da es nicht mit großen Finanzhilfen verbunden ist. Wenn funktionierende Gemeindestrukturen bereits bestehen, bedarf es keiner großen finanziellen Förderung von außen. In Anbetracht minimaler Ausbildungskosten und des dezentralisierten Umgangs mit Fällen von gefährlicher Kinderarbeit bedeutet dies, dass die Arbeitsaufsichtsbehörden nicht viele Weiterleitungen auf höhere Ebene vornehmen müssen.

*Wichtige Erkenntnisse*

- » Stärkung von Gemeindeorganisationen. Der entscheidende Faktor ist das Bewusstsein für das Recht auf freie Meinungsäußerung und das Erlangen von kommunikativen Fähigkeiten, um von diesem Recht effektiv Gebrauch machen zu können.
- » Bejahen statt Strafen. Die Gemeinde hat die Aufgabe, gegen die Umstände, die Familienhaushalte dazu zwingen, ihre Kinder zur Arbeit zu schicken, vorzugehen, anstatt Familien und Arbeitgeber zu bestrafen.
- » Zugang. Es muss ein Weg gefunden werden, die Ohren derer zu erreichen, die eine Veränderung bewirken können (Verwaltungsbeamte und Manager von groß angelegten Entwicklungsprogrammen).
- » Ein System. Eine dieser Maßnahmen allein würde das erwünschte Resultat nicht erreichen. Ein Außenstehender (z.B. ILO Projekt) kann dabei helfen, die verschiedenen Teile zusammenzufügen und sie mit den regulären Regierungsstrukturen in Sachen Sozialschutz und Gesetz, zu verbinden.

# Teil 3

## >> Wie eine grundlegende Veränderung der gefährlichen Kinderarbeit erreicht werden kann

In den vorangegangenen Abschnitten haben wir anhand von Beispielen gesehen, dass, egal wer die initiierende Führung übernimmt, sich lokale Aktionen irgendwann – sofern sie erfolgreich und profitabel sind – zu einem Bestreben mehrerer Parteien entwickeln und in die reguläre Politik mit eingegliedert werden. Wenn dann Begriffe, wie „Konvergenz", „Kohärenz" und „Mainstreaming" den Weg in die Programme der Länder finden, spiegelt dies wider, dass strukturelle Veränderungen stattfinden.

In diesem letzten Abschnitt betrachten wir ein integrierendes Konzept, das sich besonders gut für die Bekämpfung der gefährlichen Kinderarbeit eignet, der sogenannte „Ansatz am Lebenszyklus". Dies ist ein Konzept, das arbeitende Kinder – 5-17 jährige – über einen längeren Zeitraum beobachtet. So liefert diese Methode vor allem tiefere Einblicke in die Faktoren, die Kinder in die Kinderarbeit treiben und erlaubt ebenso einen Blick in die Zukunft der Kinder als unabhängige, produktive Erwachsene. Die Schlüsselelemente dieser Zeitspanne sind Bildung und soziale Richtlinien.

*Kinder tragen Backsteine einer Ziegelei © David Parker*

# 7 Integration von Maßnahmen und politischen Richtlinien

## >Kinderarbeit im Kontext des Lebenszyklus

Von Politikern, die sich mit politischen Krisen und wirtschaftlichen Strukturen befassen, wird die Kinderarbeit als periphere Angelegenheit betrachtet, ein Problem, das warten kann. Das Lebenszyklus-Konzept ist ein möglicherweise machtvolles Instrument, das den Politikern einen Weg vorgeben kann, wie die Sicherheit und Entwicklung von Kindern eine zentralere Rolle in der Priorität eines Landes einnehmen und wie es, als Maßnahme erfolgreich eingesetzt werden kann.

Wir verstehen jetzt, dass Vulnerabilitäten nicht gleichmäßig im Lebenszyklus verteilt sind. Sie sind während der frühen Lebensjahre maßgeblich größer und haben auch wichtige langfristige und manchmal irreversible Konsequenzen für das spätere Leben. Wenn wir die kritischsten Punkte innerhalb des Lebenszyklus betrachten, sehen wir, dass, wenn die Risiken während der Kindheit – wie erwartet – hoch sind, sie weiter zunehmen und während des Jugendalters am größten sind. Die Kindheit ist ein Zeitraum, der einen unmittelbaren Einfluss auf spätere Generationen hat.[137]

Aufgrund von wesentlichen körperlichen, sozialen und psychischen Entwicklungen, die während dieser Zeit stattfinden, entscheidet diese Phase weitgehend, ob ein Individuum sein Leben „erfolgreich" bestreiten kann oder in späteren Lebensabschnitten „scheitert". Somit können die negativen Einflüsse der gefährlichen Kinderarbeit die individuellen Möglichkeiten eines Kindes, zu geregelter Arbeit überzuwechseln, beschränken. Die Nachteile von anstrengender oder missbrauchender Arbeit von Kindern bedeuten, als Konsequenz für den Markt, nicht nur, dass der Teufelskreis der Armut fortgeführt wird, sondern auch eine erhöhte soziale Vulnerabilität und Marginalisierung (Box 7.1).

---

137 Weltbank: Children and youth: A framework for action, HDNCY Arbeitsunterlagen Serie, Nr. 1, S. 15 (Washington, DC, 2005).

**Box 7.1    Warum sollten wir Kindheit und Jugend
                  zusammenhängend betrachten?**

„**Pro-poor**": Viele einkommensabhängige und -unabhängige Armutsindikatoren sind unter Kindern und Jugendlichen im größeren Ausmaß zu finden und gegenwärtig repräsentieren diese zwei Gruppen die Mehrheit der Armen in den Entwicklungsländern. Strategien, die sich weitgehend auf Kinder spezialisieren, sind inhärent – und doppelt wirksam – Pro-Poor. Das heißt, sie erreichen die derzeitig Armen und vermindern die Armut in der Zukunft.

**Einzigartige Vulnerabilität:** Unter den Armen sind Kinder und Jugendliche die Anfälligsten für eine erhöhte Vulnerabilität, vor allem in Perioden des konjunkturellen Abschwungs und anderer Erschütterungen von Außen (zum Beispiel Unterernährung; Schulabbruch, um in der Familie zu helfen; Arbeitslosigkeit von Jugendlichen; gewalttätiges und riskantes Verhalten, etc.).

**Höchste Risiken:** Beide Altersgruppen stehen für die zwei Zeiträume der höchsten physiologischen und sozialen Risiken im Lebenszyklus. Bei jüngeren Kindern manifestieren sich Mangelernährung und eine zurückgebliebene intellektuelle Entwicklung, während die Jugend eher von Verletzungen, riskoreichem Verhalten und Gewalt bestimmt ist. Gemäß des vorsorglichen Risikomanagements sind dies die zwei produktivsten und effizientesten Zeiträume für ein Durchgreifen.

**Lebenszyklus:** Kindheit und Jugend sind durch den Lebenszyklus ganzheitlich in einer entscheidenden Zeit verknüpft, in der Investitionen – oder mangelnde Investitionen – eine lange Zeit brauchen, um sich als positive oder negative Folgen für das Individuum und die Gesellschaft zu manifestieren. Wird während der frühen Jugendjahre nicht eingeschritten, treten die Kosten und Konsequenzen besonders im frühen Erwachsenenalter zu Tage. Wenn auch zu diesem Zeitpunkt keine Intervention stattfindet, staffeln sich Kosten und Folgen für die Gesellschaft, nicht nur für diese Generation, sondern auch für die Kinder der nächsten Generation, die als Kinder junger, benachteiligter Eltern den Teufelskreis der Armut fortführen.

*Quelle: Weltbank. 2005. Children and youth. A framework for action (Washington, DC).*

Sich ausschließlich mit der Befreiung eines jungen Kindes von missbrauchenden Arbeitssituationen oder der Abschirmung von Gefahren am Arbeitsplatz

# Integration von Maßnahmen und politischen Richtlinien

zu beschäftigen, ist eine sehr kurzsichtige Strategie. Beim Betrachten der Kinderarbeit im größeren Lebenszyklus-Kontext wird dagegen deutlich, dass die Strategien zur Bekämpfung von Kinderarbeit eng mit den Anstrengungen an beiden „Enden der Kindheit" verknüpft sein müssen: zum einen, jungen Kindern einen guten Start ins Leben zu ermöglichen und zum andern, älteren Kindern und ihren Eltern eine Chance auf angemessene Arbeit zu geben.

Diese Ansätze verlangen einen integrierenden politischen Rahmen, der die Grenzlinien zwischen Arbeit, Gesundheit und Bildung auflöst. Außerdem wird die Zusammenarbeit vor Ort, bei der Übermittlung von Dienstleistungen und Schulungen, nötig. Ergebnisse aus Evaluationen zeigen, dass die gegenseitige Verbindung, von Politik und Umsetzung, eine der anspruchsvollsten Aspekte bei der Beseitigung von Kinderarbeit und der Beschäftigung von Jugendlichen ist.

### > *Jugendliche als entscheidende Zielgruppe*

Jugendliche befinden sich am Übergang zwischen Kindheit und Erwachsenenalter. Mit 15 Jahren (manchmal 14 oder 16) können sie entweder Kinderarbeiter oder legal beschäftigte Jugendliche sein, abhängig davon, ob ihre Arbeit und die Bedingungen unter denen sie arbeiten, als gefährlich eingeordnet werden oder nicht (Abbildung 7.1). Weil sie deshalb das Interesse beider Parteien, derer, die „arbeitsfördernd" (Arbeitsprogramme für Jugendliche) und derer, die „arbeitsbeseitigend" sind, erreicht (Kinderarbeitsprogramme), könnte man annehmen, dass Jugendliche dadurch zweifache Aufmerksamkeit erfahren. Tatsächlich werden sie oft von keinem der Programme erfasst.

Eine Strategie, die beide Aspekte, die gefährliche Kinderarbeit und die Beschäftigung von Jugendlichen einschließen würde, könnte für neue Impulse und Ideen sorgen und diese Altersgruppe unterstützen, was eigentlich im Interesse aller ist.

Die Zahl der Betroffenen ist dabei beachtlich, denn in dieser Altersgruppe sind geschätzte 67 Millionen Jugendliche (43,3% der Gesamtsumme) in zulässiger Arbeit beschäftigt.[138] Beinahe genauso viele Jugendliche, 62,5 Millionen (54,1%) sind von unzumutbarer Arbeit betroffen: gefährliche Kinderarbeit.

Darüber hinaus sind Statistiken nicht statisch. Die überraschenden Ergebnisse einer Analyse von Entwicklungstendenzen der Kinderarbeit in den letzten 8 Jahren ergab, dass die Kinderarbeit in dieser Altersgruppe letztlich zunimmt, vor allem unter Jungen.

Jugendliche über dem gesetzlichen Mindestalter vor dem Abrutschen in gefährliche Arbeiten zu bewahren, erfordert kurz-, mittel- und langfristige Strategien. Die Erstellung der Liste verbotener Arbeiten (die Liste der gefährlichen Arbeiten), Einführung von Sanktionen und eines effektiven Überwachungs- und Kontrollsystems, haben eine langfristig abschreckende Wirkung, sobald Regelungen umgesetzt werden.

**Abbildung 7.1　Gefährliche Kinderarbeit und die Beschäftigung von Jugendlichen**

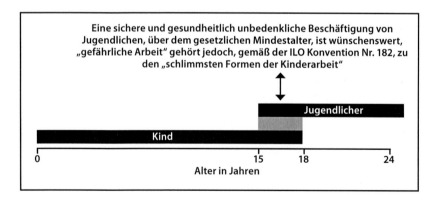

---

138　ILO Programm zur Beschäftigung Jugendlicher: Conceptual framework on the linkages between child labour and youth employment (Genf, September 2010).

# Integration von Maßnahmen und politischen Richtlinien

Strategien, die darauf abzielen, gesellschaftliche Einstellungen gegenüber der Beschäftigung von Jugendlichen, zum Beispiel durch Aufklärung über Risiken oder Bedingungen, zu ändern, können nicht nur einen kurzfristigen Einfluss, sondern auch einen langfristigen Effekt ausüben. Dieser besteht darin, die Gesellschaft gegen gefährliche Kinderarbeit zu mobilisieren.

*Wie wir gesehen haben, enthalten die Strategien zur Verbesserung der Arbeitsbedingungen von Jugendlichen verschiedene Schutzmaßnahmen:*

» Arbeitsstunden können reduziert werden.
» Nachtarbeit, oder die Anreise zur Arbeit während der Nachtstunden kann verboten werden.
» Richtlinien gegen Belästigungen am Arbeitsplatz können eingeführt und durchgesetzt werden.
» Jugendliche können von der Benutzung gefährlicher Substanzen, Werkzeuge oder Ausrüstungen ferngehalten werden.
» Angemessene Ruhezeiten können angeboten werden.

Sofern die Arbeitsbedingungen nicht verbessert werden können, müssen die Jugendlichen von ihren Arbeitsplätzen entfernt und mit einer angemessenen Alternative oder irgendeiner Art der Weiterbildung versorgt werden. Eine Schulbildung und die Verbesserung ihrer Fähigkeiten ist ebenso wünschenswert. Nicht selten benötigen Jugendliche, nachdem sie sich aus einem missbrauchenden Umfeld zurückgezogen haben, Hilfe von unzähligen Sozialeinrichtungen: Notunterkünfte, medizinische Versorgung, psychosoziale Beratung, rechtliche Unterstützung, Suche und Kontrolle der Familienangehörigen, Wiedereingliederung, etc.

*Strategien, die Jugendliche an risikoreichen Arbeitsplätzen erreichen, könnten wie folgt konzipiert sein:*

» Ausweiten des Zugangs zu Bildung und die Beendigung der Schulausbildung (eingeschlossen back-to-school Programme), sodass Jugendliche unter dem Mindestalter den Arbeitsmarkt nicht betreten können. Alternative Wege, wie vorberufliche Schulungen, sind entscheidend, um Jugendliche in strukturierten Lernprogrammen zu halten.
» OSH Training und Aufklärung ist für Arbeitgeber und ihre jungen Arbeiter, Handwerksmeister und Lehrlinge unerlässlich. Ein Training schließt angemessene und beständige Aufsicht mit ein.
» Einführung von Überwachungsmechanismen. Gewerkschaften, Arbeitsverbände, Handelskammern, Gemeindeorganisationen, soziale Behörden – gesetzt den Fall, sie sind gut ausgebildet und mit Arbeitsbehörden verbunden – können die Richtlinien des Mindestalters, die Sicherheit am Arbeitsplatz und die Arbeit von Lehrlingen überprüfen.

In vielen Entwicklungsländern sind „informelle Lehrstellen" die wichtigsten Ausbilder für den – meist informellen – Arbeitsmarkt, wobei sie formelle Bildungsinstitutionen bereits weit überholt haben. Die Vorteile von informellen Lehrstellen sind: Erlernen von Fähigkeiten auf angemessenem technologischen Level; Nutzen von gebräuchlichen Gerätschaften und Beteiligung am realen Produktionsprozess; Vermitteln aller Fähigkeiten, die für den Handel wichtig sind, eingeschlossen berufliche Kompetenzen und bis zu einem geringen Grad auch organisatorische, betriebswirtschaftliche und unternehmerische Fähigkeiten, wie Kostenermittlung, Marketing und Lieferanten- bzw. Kundenbeziehungen; und die Möglichkeit soziale und wirtschaftliche Netzwerke aufzubauen, die die Errichtung und Bewirtschaftung eines eigenen Unternehmens erleichtern.

# Integration von Maßnahmen und politischen Richtlinien

> *Jüngere Kinder und Mädchen haben Vorrang*

Die ILO Empfehlung Nr. 190, die mit der Konvention Nr. 182 einhergeht, unterstreicht in besonderem Maße, dass Programme, die die schlimmsten Formen der Kinderarbeit beseitigen, jüngeren Kindern besondere Aufmerksamkeit schenken sollen (Absatz 2(c)i). Wenn ein Kind unterhalb des Mindestalters, in einer gefährlichen Umgebung arbeitend, aufgefunden wird, ist die Befreiung des Kindes die einzige Option. Es ist trotz Verbesserungen am Arbeitsplatz oder anderer Maßnahmen nicht möglich, Kindern das weitere Arbeiten zu erlauben. Im Hinblick auf Gefahren (einige Situationen können sogar so drastisch sein, dass eine unmittelbare Rettung des Kindes nötig ist), ist eine geeignete Struktur vor Ort unerlässlich, sodass jedes Kind, das von seinem Arbeitsplatz weggeholt wird, die Unterstützung erfährt, die es benötigt (z.B. Beratung).

Dann können die notwendigen Maßnahmen ergriffen werden, damit das Kind wieder in ein Bildungsprogramm aufgenommen wird. Empfehlung Nr. 190 ist recht konkret: „ […] sie [die Kinder] vor Vergeltungsakten schützen und ihnen Rehabilitation und soziale Integration durch Maßnahmen anzubieten, die ihren schulischen, physischen und psychischen Bedürfnissen entsprechen" (Absatz 2(b)).

Auch die Mädchen werden in der Empfehlung sowie der Kinderarbeitskonvention herausgegriffen und mit besonderer Aufmerksamkeit bedacht. Als Folge dessen haben Programme und Richtlinien besondere Anstrengungen unternommen, um Mädchen zu erreichen. Dies erklärt den Rückgang von gefährlicher Kinderarbeit unter Mädchen zwischen 2004 und 2008. Die Empfehlung macht uns außerdem auf die Tatsache aufmerksam, dass Mädchen besonders oft an versteckten Arbeitsplätzen, wie dem Haushalt, beschäftigt werden.

Der nächste Abschnitt zeigt, wie diese besonderen Strategien mit Schwerpunkt auf Kinder in einen größeren, integrierenden, politischen Rahmen passen.

> *Ein Gerüst für nachhaltigen Wandel*
Eine integrierende, politische Antwort, um die Beseitigung von gefährlicher Kinderarbeit und die Förderung von späteren Beschäftigungen zu unterstützen, würde makro- und mikrowirtschaftliche Interventionen kombinieren.

*Die internationale Arbeitskonferenz im Jahr 2005 rief, in ihrer Resolution über die Beschäftigung von Jugendlichen, zu Anstrengungen auf nationaler Ebene auf, welche:*

» die unterstützenden, wirtschaftlichen Strategien mit gezielten Interventionen kombinieren;
» sich sowohl nach dem Bedarf als auch dem Angebot von Arbeit richten;
» auf die Quantität und Qualität der Beschäftigung abzielen;
» verschiedene Interessengruppen, wie Arbeitgeberorganisationen, Gewerkschaften und junge Menschen in die Formulierung und Umsetzung der Interventionen einbeziehen.

Dieses Gerüst legt folgende Strategien nahe, um die Herausforderungen der gefährlichen Kinderarbeit zu bewältigen und das Angebot angemessener Arbeit für Jugendliche auf politischer Ebene zu fördern, oder in anderen Worten, „günstige Rahmenbedingungen" zu schaffen.

An erster Stelle steht die Einbindung der Angelegenheit in den nationalen Entwicklungsrahmen. Dies ist nicht nur für die Nachhaltigkeit maßgeblich, sondern regt Diskussionen über Ressourcenbeschaffung, Zuteilungen und Prioritäten, die gesetzt werden sollen, an. So können die Kinderarbeits- bzw. Jugendbeschäftigungs-Strategien mit umfassenden, ökonomischen Richtlinien verbunden werden, die zum wirtschaftlichen Wachstum, der Arbeitsplatzschaffung, der sektoralen Entwicklung, dem Ausgleich von Angebot und Nachfrage und der Quantität und Qualität der Beschäftigung beitragen.

Zweitens sollen nationale Aktionspläne eingesetzt werden. Obwohl es angemessen erscheint, sowohl die Kinderarbeit, als auch die Beschäftigung Jugend-

# Integration von Maßnahmen und politischen Richtlinien

licher aller Altersgruppen in eigenständigen Nationalplänen zu bedenken (z.B. 5-17 Jährige bezüglich Kinderarbeit und 15-24 Jährige bezüglich der Beschäftigung Jugendlicher), ist es wünschenswert, Empfehlungen und Gemeinsamkeiten beider Pläne herauszuarbeiten, um sicherzustellen, dass das vorgestellte Konzept der Beseitigung von Kinderarbeit auch landesweit funktioniert.

Der dritte Punkt, beinhaltet die Schaffung eines guten Bildungssystems, das für jeden zugänglich ist. Viele Kinder driften in die Kinderarbeit ab, wenn keine oder nur schlechte Schulen vorhanden sind; direkte oder indirekte Schulgebühren besonders hoch sind; Eltern entscheiden, dass ein arbeitendes Kind wertvoller ist, als ein Kind, das die Schule besucht; und kulturelle Faktoren von Bildung abschrecken. Dies betrifft vor allem Schüler der Oberstufe – insbesondere Mädchen. Auch Kinder in ländlichen Gemeinden sind besonders gefährdet – sie stellen 82% aller Kinder ohne Schulbildung dar. Ein entscheidender Beitrag zur Bekämpfung von Kinderarbeit wäre deshalb, die Gewährleistung, dass bis zum gesetzlichen Mindestalter, alle Kinder eine angemessene Bildung erfahren.

Viertens soll die Vulnerabilität von Familien in ärmlichen Verhältnissen durch garantierten, sozialen Schutz reduziert werden. Einige der Länder, die in den letzten 10 Jahren die größten Fortschritte in der Beseitigung von Kinderarbeit gemacht haben – besonders bezüglich gefährlicher Kinderarbeit – gehören zu denen, die wirksame Maßnahmen ergriffen haben, um ein eigenes Sozialsystem zu entwickeln.

Dies schließt finanzielle Zuschüsse, Schulspeisungsprogramme, Öffentlichkeitsarbeit und andere Initiativen ein, die zum Beispiel Elternarbeit, Zugang zu Krediten und Einsparungen sowie Möglichkeiten der Gesundheits- und Rentenversicherung anbieten. Schutzmaßnahmen vor Finanzkrisen, die durch Wirtschaftskrisen, Naturkatastrophen oder anderen Notlagen ausgelöst werden, können helfen, Kinder in der Schule und fern von Arbeit zu halten. Die UN Initiative für soziale Grundsicherung hat es sich zum Ziel gemacht, in allen Ländern wenigstens für ein grundlegendes Maß an sozialer Sicherheit zu sorgen.

In Tabelle 7.1 werden Schlüsselelemente zusammengestellt, die in früheren Kapiteln beschrieben wurden und die in bewährter Verfahrensweise zusammenfassen, was wir für die maßgeblichen Faktoren einer integrierenden Gesamtstrategie halten. Um speziell die langfristige Gesundheit und Produktivität von betroffenen Kindern zu verbessern, gibt es im Allgemeinen *drei Strategien, die entweder darauf ausgerichtet sind:* (1) gefährlicher Kinderarbeit vorzubeugen, (2) die Arbeitsbedingungen von älteren Kindern, die bereits gefährlichen Tätigkeiten, Bedingungen oder Berufen nachgehen, zu verbessern oder, (3) den Übergang zu geregelter Arbeit zu fördern; alles unterstützt durch günstige Rahmenbedingungen.[139]

**Tabelle 7.1 Die entscheidenden Komponenten für eine integrierende, politische Strategie**

| |
|---|
| *Günstige Rahmenbedingungen* |
| Genehmigung der ILO Konventionen Nr. 138, 182, 184, 150, 81 und 129 |
| Erstellung eines nationalen Aktionsplans für Kinderarbeit, verbunden mit Plänen des Kinderschutzes, der Beschäftigung von Jugendlichen und der Arbeitsaufsicht |
| Einbindung von Schlüsselkomponenten in nationale Wirtschaftssysteme (z.B. PRSP, MDG monitoring) |
| Stärken des Sozialschutzes (Sozialhilfe, Versicherung und medizinische Versorgung) |
| Stärken des sozialen Dialogs zur Unterstützung junger Arbeiter (z.B. in Tarifverhandlungen) |
| Erstellen einer Liste der gefährlichen Arbeiten, die für alle Jugendlichen unter 18 Jahren verboten sind, gesetzliche Verfügungen sowie Ermittlungen, wo gefährliche Arbeit besonders konzentriert ist (Standort, soziale und ethnische Charakteristiken, Altersgruppen und Industrien) |
| Förderung von leicht zugänglichen, erstklassigen Bildungsprogrammen und Systemen |
| *Verhinderung der Beschäftigung jüngerer Kinder* |
| Sicherstellen, dass Kinder aller Altersgruppen die Schule besuchen und bis zum Beschäftigungsmindestalter abschließen |
| Unterstützung der Kinder, die sich am Übergang zwischen Elementarschule und Oberstufe befinden und derer, denen Schulabbruch droht |

---

[139] ILO Youth Employment Programme: Conceptual framework on the linkages between child labour and youth employment (Genf, ILO, September 2010).

# Integration von Maßnahmen und politischen Richtlinien

*Günstige Rahmenbedingungen*

Nachhilfe bei Alphabetisierungs- und Rechenkursen sowie Anbieten eines zweiten Bildungswegs für Jugendliche ohne Schulbildung

Förderung von Sport- und Jugendclubs als Freizeitbeschäftigung

Hinzufügen von 'berufsvorbereitenden' Maßnahmen in den Lehrplan, um Kinder für ihr Arbeitsleben und die damit verbundenen Risiken, Rechte und Verantwortungen zu sensibilisieren

Aufklärung der Eltern bezüglich der schädlichen Folgen von Kinderarbeit auf Gesundheit und Lebensdauer ihrer Kinder

Übernehmen von strengen Altersbestimmungsmethoden seitens der Arbeitgeber und Unternehmen

Beenden der Kinderarbeit und Förderung von Erholungsmaßnahmen und (erneute) Einschulung

*Schutz von älteren Kindern, die von gefährlicher Kinderarbeit betroffen oder bedroht sind*

Angebot von umfassenden Ausbildungspaketen und Dienstleistungen, um den Übergang von Schule in die Berufswelt zu erleichtern (Lehre, Berufsausbildung, Berufsberatung, Unternehmensentwicklung, Finanzierung)

Aufklärungsarbeit unter Arbeitgebern, bezüglich der höheren Produktivität, die durch eine Verbesserung der Arbeitsbedingungen von Jugendlichen erreicht werden kann

Einsetzen von gemeinsamen Arbeitgeber-Arbeitnehmer Sicherheitskomitees, Sicherheitsbeauftragten und Verbindungen zu Arbeitnehmerverbänden, um junge Menschen in der Berufswelt zu unterstützen

Regelmäßige Überprüfungen der Unternehmen im Hinblick auf Arbeitsplatzbedingungen und die Einhaltung von Altersvorgaben

Gründen von kommunalen Systemen, die mit der Arbeitsaufsicht betraut sind, um Farmen und andere Familienbetriebe überwachen zu können

Gesundheitseinrichtungen, die vor Ort berufsbedingte Verletzungen und Krankheiten bei Kindern ausfindig machen und dokumentieren

Diese Strategien sind hier zwar getrennt aufgeführt, stehen aber in enger Wechselbeziehung. Die meisten Präventivstrategien beugen Kinderarbeit nicht nur vor, sondern schützen ebenso junge Arbeiter. Dies wird zum Beispiel auch durch regelmäßige Überwachungen von Arbeitsbedingungen erreicht. Ebenso hat die Durchsetzung von Schutzmaßnahmen (z.B. OSH Regulationen) eine präventive Wirkung. Die Erfahrungen der ILO mit den WIND und WISE Programmen (siehe Anhang II), zeigen die Wichtigkeit der Verknüpfung von OSH Regulationen und deren Umsetzung auf lokaler Ebene zusammen mit anderen Anreizen (z.B. Geldspenden, Bildungsgutscheine) auf breiter Basis.

Auf diese Weise können Maßnahmen zum Schutz von Kindern vor gefährlicher Arbeit, über kurz oder lang, zur Unterstützung von angemessener Arbeit für Jugendliche, die älter als 18 Jahre sind, beitragen.

# Schlussfolgerung

## >> *Ja, aber was kann ich dagegen tun?*

Wir befinden uns gerade am entscheidenden Punkt, das Ziel zu erreichen und die schlimmsten Formen der Kinderarbeit, bis zum Jahr 2016, zu beseitigen. Wenn wir es schaffen, die gefährliche Kinderarbeit abzuschaffen, werden wir dieses Ziel weitgehend erreicht haben.

Dieser Bericht hat gezeigt, wie ernst das Problem ist. Er gab aber auch einen Überblick über die Maßnahmen, die bereits bestehen, um das Problem anzugehen. Dazu gehören: ein umfassenderes Bewusstsein für die internationalen Arbeitsstandards, Gesetze und Regelungen, Bildungsrichtlinien, Unternehmenspolitik und eine nähere Überwachung der Zulieferer, lokale Verordnungen, die in der „Liste der gefährlichen Arbeiten" festgehalten werden, aktive Arbeiterverbände in selbst ländlichen Gebieten und vor allem die wachsende Einsicht weltweit, dass gefährliche Kinderarbeit in einer modernisierten und globalisierten Gesellschaft nicht mehr toleriert werden kann. Der Beweis, dass solche Maßnahmen Wirkung zeigen können, wird an den sinkenden Zahlen von gefährlicher Arbeit unter jüngeren Kindern und Mädchen deutlich.

Angesichts der Herausforderung 115 Millionen Kinder von gefährlicher Arbeit zu befreien und der verschiedenen Wege dieses Ziel zu erreichen, ist es wichtig, eine klare Strategie für die nächsten Schritte vorzubereiten.

Drei große Lösungsansätze wurden in den vorangehenden Kapiteln skizziert: (1) Das Abrutschen kleinerer Kinder in die gefährliche Kinderarbeit verhindern, (2) das Schützen der älteren Kindern am Arbeitsplatz und (3) das Stärken der grundlegenden, politischen Rahmenbedingungen. Wichtig ist jedoch immer sowohl unmittelbare als auch langfristige Maßnahmen zu ergreifen. Dies erfordert vor allem ein weitreichendes Netzwerk von Partnern – von der Regierung, der Arbeitnehmer- und Arbeitgeberorganisationen bis hin zu lokalen Gemeinden – und deren aktive Zusammenarbeit.

*Migrantenkind pflückt Baumwolle* © David Parker

# Wichtigste Vorgehensweisen

## 1. Verhindern von gefährlicher Arbeit bei jungen Kindern
*Wichtig ist sicherzustellen, dass alle Kinder, jedenfalls bis sie das Mindestalter erreicht haben, die Schule besuchen*

Das Recht der Kinder auf Bildung ist nicht nur ein Menschenrecht, sondern ebenso bedeutsam für die wirtschaftliche und soziale Entwicklung eines Landes. Wenn Kinder arbeiten und ganz besonders, wenn sie lange unter gefährlichen Bedingungen arbeiten, hindert es sie daran die Schule zu besuchen, oder von ihr im vollen Ausmaß zu profitieren. Die Untersuchung der Gründe, weshalb sie die Schule nicht besuchen – Kosten, Zugang und Qualität der Bildungseinrichtungen – ist ein wichtiger Schritt, um gefährliche Kinderarbeit zu unterbinden. Jedoch nicht der Einzige, der junge Kinder betrifft, denn auch wenn sie gefährliche Arbeiten abseits der Schulzeiten oder während der Sommerferien verrichten, muss dies verboten werden.

*Unmittelbare Maßnahme:* Untersuchen des Verhältnisses zwischen Standort der Schule und Vorkommen der gefährlichen Kinderarbeit

Mithilfe von Gemeindegruppen, örtlichen Regierungseinheiten und vor allem Lehrern können Hindernisse, die Kinder in diesen Regionen davon abhalten die Schule zu besuchen, beurteilt werden. Oft werden so lokale Lösungen gefunden, um zumindest Sofortmaßnahmen einzuleiten und Kinder mit erhöhtem Risiko von gefährlicher Arbeit wieder einzuschulen, während umfassende Verbesserungen im Bildungssystem gemacht werden.

## 2. Der Schutz älterer Kinder vor gefährlicher Arbeit
*Garantieren der Sicherheit und Gesundheit aller Arbeiter am Arbeitsplatz, zusätzlich spezieller Schutz für Kinder zwischen dem Mindestalter und 18 Jahren.*

Kinder über dem Mindestalter für Beschäftigung, durchschnittlich 15 Jahre, in einigen Fällen 14 oder 16 Jahre alt, können legale Arbeit verrichten. Vor dem Hintergrund des weltweiten Problems der Arbeitslosigkeit von Jugendlichen ist es im Interesse jedes Individuums und jeder Nation, dass Kinder, die das

Mindestalter erreicht und ihre Schullaufbahn abgeschlossen haben, die Möglichkeit besitzen in die Berufswelt einzutreten.

Allen Arbeitern steht der Schutz ihrer Sicherheit und Gesundheit rechtmäßig zu und es gehört zu den Pflichten der Arbeitgeber, für angemessene Standards zu sorgen und diese langfristig zu gewährleisten. Wie Berichte zeigen, benötigen junge Arbeiter jedoch zusätzlichen Schutz. Es ist klar bewiesen, dass junge Arbeiter mit einer größeren Wahrscheinlichkeit in Unfälle verwickelt werden oder, als Resultat ihrer Arbeit, erkranken. Aus diesem Grund werden Jugendliche von risikoreichen Arbeiten – die in der „Liste der gefährlichen Arbeiten" eingetragen sind – abgehalten und sind aufgefordert, ein spezielles Training unter Aufsicht zu absolvieren.

Eine regelmäßige Überprüfung von Plätzen, wo Kinder mit großer Wahrscheinlichkeit arbeiten, eingeschlossen hauseigene und informelle, wirtschaftliche Arbeitsplätze (z.B. Zulieferer, Hausdienste, Straßenhandel), ist absolut entscheidend, um sicherzugehen, dass Kinder keinen gefährlichen Arbeitsbedingungen ausgesetzt sind. Kontrollen durch die Gemeinden, Arbeitnehmervertreter oder Betriebe werden immer alltäglicher; jedoch ist es wichtig, dass diese nicht unabhängig voneinander arbeiten, sondern unter dem Dach oder in enger Zusammenarbeit mit den Arbeitsaufsichtsbehörden.

Eltern, Arbeitgeber und Kinder selbst müssen sich der Risiken am Arbeitsplatz bewusst werden, von denen vor allem junge Arbeiter betroffen sind und wissen, dass einige Gefahren nicht sichtbar (psychisch) sind und viele Risiken ernstzunehmende, langfristige Konsequenzen nach sich ziehen. Die Aufklärungsarbeit kann schon in der Schule beginnen und ist ganz besonders effektiv, wenn sie von Arbeitgeberverbänden weitergeführt wird.

*Unmittelbare Maßnahme:* Regulierung der Arbeitszeiten
Kinder dürfen keine Überstunden oder während der Nacht arbeiten. Ein großer Anteil der gefährlichen Kinderarbeit ist als solche auf Grund der zu hohen Anzahl an Arbeitsstunden eingestuft. Ein erster Schritt, um das Aus-

## Wichtigste Vorgehensweisen

maß von gefährlicher Kinderarbeit zu reduzieren, ist deshalb sicherzustellen, dass Arbeitsgesetze, die maximalen Arbeitszeiten eindeutig festlegen. Danach sollte eine Kampagne gestartet werden, um zu gewährleisten, dass die Arbeitszeiten von Kindern über dem Mindestalter auf einer niedrigen Stufe bleiben. Dies erfordert zwar sowohl Aufklärung, als auch stetige Überwachung, liegt aber im Bereich des Möglichen.

### 3. Gestalten einer geeigneten politischen Umgebung
*Zusammenschluss von Arbeitern und Arbeitgebern, um eine maßgebende politische Linie und gesetzliche Grundlage gegen gefährliche Kinderarbeit zu erarbeiten*

Die Wurzeln der Kinderarbeit finden sich hauptsächlich in der Armut und dem mangelhaften Zugang zu angemessener Schulbildung. Damit ist es der Schlüssel zur Bekämpfung von Kinderarbeit, diese Grundursachen anzugehen. Durch die Versorgung von Erwachsenen mit geregelter Arbeit und der Sicherstellung von sozialem Schutz, können Individuen und Gemeinden beginnen, ihren Weg aus der Armut zu finden. Im Gegenzug bedeutet das eine verminderte Abhängigkeit von Kinderarbeit.

*Unmittelbare Maßnahme:* Aktualisierung der Liste der gefährlichen Arbeiten
Wie von den ILO Konventionen verlangt, sollte jeder Mitgliedstaat (1) eine Liste der Bedingungen und Arten der Arbeiten, die für Kinder unter 18 Jahren verboten sind, erstellen, (2) sicherstellen, dass diese Liste regelmäßig überprüft wird und (3) gewährleisten, dass die Liste durchgesetzt wird. Erfahrungen zeigten die Wichtigkeit einer Erstellung dieser Liste, die Regierungen sowie Arbeitgeber- und Arbeitnehmerorganisationen erlaubt, zusammenzuarbeiten, über die verschiedenen Komponenten zu entscheiden und die Priorität der Interventionen abzuwägen.

Da sich einige der gefährlichsten Arten der Kinderarbeit auf spezielle Berufsfelder und Tätigkeiten konzentrieren, kann die fokussierte Aufmerksamkeit auf diese Bereiche die nötigen Impulse setzen, um einen Fortschritt zu bewirken.

*****

Der Generaldirektor der ILO rief zu „neuen und ausgedehnten Anstrengungen" und „Kampagnen mit neuer Energie"[140] auf, um das Ziel der Beseitigung der schlimmsten Formen von Kinderarbeit, den größten Teil der gefährlichen Arbeit, bis 2016 zu erreichen. Er drängte die internationale Gemeinschaft dazu den Sinn für die Dringlichkeit, Hoffnung und Energie wiederzuerlangen, die die Bewegung hatte, als sie vor über einem Jahrhundert ins Leben gerufen wurde, um Kinder zu schützen, die in Minen, Fabriken und auf Schiffen arbeiteten.

Es ist nicht möglich, das Ziel von 2016 mit einer Business-as-usual-Attitüde und fragmentierten oder zerstückelten Initiativen zu erreichen. Kreative und umfassende Anstrengungen sind hier gefordert. Und so wird die dreigliedrige ILO ihre Arbeit als starker Anwalt für Kinder, die von gefährlicher Arbeit betroffen sind, fortführen und ebenso die schützen, die sich an der Schwelle zur Kinderarbeit befinden und möglicherweise bereits geködert oder gezwungen wurden, zwischen Schule und Arbeit zu entscheiden. Dieses Schriftstück zeigte die Größe des Problems auf: 115 Millionen Kinder sind in diesem Moment von gefährlicher Arbeit betroffen. Auf der anderen Seite zeigt es auch, dass, wenn gemeinschaftliche Anstrengungen von Regierungen, Arbeitgebern, Arbeitern und Bürgern unternommen werden, innerhalb kürzester Zeit, Rückgänge verzeichnet werden können.

Mädchen und gefährliche Arbeit? Anzahl gesunken. Kinder unter 15 Jahren und gefährliche Arbeit? Anzahl gesunken. Dies ist keine Zufälligkeit, kein spontanes Geschehnis. Der Rückgang gefährlicher Kinderarbeit ist den gemeinsamem Bemühungen und einer Vielzahl von Akteuren auf nationaler Ebene und der Basis zuzuschreiben. Mit neuem Engagement ist es möglich, diesen Prozess weiterzuführen und all jene Kinder zu erreichen, die noch immer in gefährlicher Arbeit gefangen sind.

---

140    IPEC: Accelerating action against child labour (Genf, ILO, 2010), S. x.

# Anhang 1

> *Länder mit einer „Liste der gefährlichen Arbeiten"*
Weltweite Verbreitung der
„Liste der gefährlichen Arbeiten", Stand April 2011

| Regionen der Welt* | Länder |
|---|---|
| **Insgesamt** | **183** |
| Vollständige Liste | 108 (14 in Überarbeitung) |
| Keine Liste, Prozess steht noch am Anfang | 47 |
| Keine Liste aber allgemeines Verbot | 20 |
| Keine Liste | 8 |
| **Afrika** | **53** |
| Vollständige Liste (28,17 in Überarbeitung) | Benin, Burkina Faso, Burundi, Kamerun, Zentralafrikanische Republik, Tschad, Kongo, Elfenbeinküste, Demokratische Republik Kongo, Ägypten, Äthiopien, Gabun, Ghana, Guinea, Libyen, Madagaskar, Mali, Mauretanien, Mauritius, Marokko, Namibia, Niger, Senegal, Sierra Leone, Südafrika, Togo, Tunesien, Simbabwe |
| Keine Liste, Prozess steht noch am Anfang (13) | Algerien, Botswana, Kap Verde, Komoren, Eritrea, Kenia, Liberia, Malawi, Mosambik, Ruanda, Sudan (und Süd-Sudan), Uganda, Sambia |
| Keine Liste aber allgemeines Verbot (9) | Angola, Dschibuti, Gambia, Lesotho, Nigeria, São Tomé und Príncipe, Seychellen, Swasiland, Vereinigte Republik Tansania |
| Keine Liste (3) | Äquatorialguinea, Guinea-Bissau; Somalia |

\>\>

| Regionen der Welt* | Länder |
|---|---|
| ***Amerika*** | **35** |
| Vollständige Liste (16) | Brasilien, Chile, Kolumbien, Costa Rica, Kuba, Dominikanische Republik, Ecuador, Guatemala, Guyana, Haiti, Honduras, Nicaragua, Panama, Paraguay, Peru, Vereinigte Staaten von Amerika |
| Keine Liste, Prozess steht noch am Anfang (14) | Antigua und Barbuda, Argentinien, Bahamas, Belize, Plurinationaler Staat Bolivien, Kanada, Dominica, El Salvador, Jamaica, Mexiko, St. Kitts und Nevis, Suriname, Trinidad und Tobago, Uruguay |
| Keine Liste aber allgemeines Verbot (5) | Barbados, Grenada, St. Lucia, St. Vincent und die Grenadinen, Bolivarische Republik Venezuela |
| Keine Liste (0) | |
| ***Arabische Staaten*** | **11** |
| Vollständige Liste (8, 1 in Überarbeitung) | Bahrain, Jordanien, Kuwait, Libanon, Katarn, Arabische Republik Syrien, Vereinigte Arabische Emirate; Jemen |
| Keine Liste, Prozess steht noch am Anfang (2) | Irak, Oman |
| Keine Liste aber allgemeines Verbot (1) | Saudi Arabien |
| Keine Liste (0) | |
| ***Asien und der Pazifik*** | **33** |
| Vollständige Liste (14, 2 in Überarbeitung) | Kambodscha, China, Indien, Indonesien, Islamische Republik Iran, Japan, Republik Korea, Mongolei, Nepal, Pakistan, Philippinen, Sri Lanka, Thailand, Vietnam |
| Keine Liste, Prozess steht noch am Anfang (11) | Afghanistan, Australien, Brunei Darussalam, Kiribati, Volksdemokratische Republik Laos, Malaysia, Papua Neu Guinea, Samoa, Singapur, Salomonen, Vanuatu |
| Keine Liste aber allgemeines Verbot (4) | Bangladesh, Fiji, Neuseeland, Demokratische Republik Timor-Leste |
| Keine Liste (4) | Malediven, Marshallinseln, Myanmar, Tuvalu |

# Anhang 1

| Regionen der Welt* | Länder |
|---|---|
| ***Europa*** | ***51*** |
| Vollständige Liste (42, 4 in Überarbeitung) | Albanien, Armenien, Österreich, Aserbaidschan, Weißrussland, Belgien, Kroatien, Zypern, Tschechische Republik, Dänemark, Estland, Finnland, Frankreich, Georgien, Deutschland, Griechenland, Island, Irland, Israel, Italien, Kasachstan, Kirgistan, Lettland, Litauen, Luxemburg, Malta, Republik Moldawien, Niederlande, Norwegen, Polen, Portugal, Rumänien, Russische Föderation, Slowakei, Slowenien, Spanien, Schweden, Schweiz, Türkei, Ukraine, Großbritannien, Usbekistan |
| Keine Liste, Prozess steht noch am Anfang (7) | Bulgarien, Ungarn, Montenegro, San Marino, Serbien, Tadschikistan, die ehemalige jugoslawische Republik Mazedonien |
| Keine Liste aber allgemeines Verbot (1) | Bosnien-Herzegowina |
| Keine Liste (1) | Turkmenistan |

*Anmerkung: * definiert durch die ILO*

# Anhang 2

## > Bewährte Materialsammlungen
## „Safe Work for Youth" Werkzeugkasten

Die derzeitige Initiative der ILO zur Reduzierung der Kinderarbeit von älteren Jugendlichen macht sich partizipatorische Methoden zu Nutze. Der sogenannte Werkzeugkasten enthält drei verschiedene Materialsammlungen zur Beseitigung gefährlicher Kinderarbeit, jede für eine andere Zielgruppe entwickelt:

» *„Keep them Safe"* ist für Arbeitgeber konzipiert und beinhaltet ein Handbuch, eine Checkliste und andere Materialien, die in kleinen Gewerbebetrieben Anwendung finden können. Materialien für andere Berufssektoren sind in Arbeit.

» *„Stay Safe"* wurde für junge Arbeiter zusammengestellt, um sie für die Sicherheit am Arbeitsplatz zu sensibilisieren. Enthalten sind Informationen zu verschiedenen Berufsfeldern, wie der Hotelreinigung und der Autoreparatur.

» Das *„Administrators' packet"* ist die dritte Materialsammlung mit Hintergrundinformationen, für jene, die ein Programm zur beruflichen Sicherheit und Gesundheit (OSH) oder der Kinderarbeit organisieren. Es wird ihnen helfen das Prinzip der OSH in Lehrpläne einzuarbeiten, berufsbildende Übungen oder Gewerkschaftsprojekte zur Sicherheit anzuleiten sowie ein Kinderarbeits- bzw. Jugendbeschäftigungsprojekt zu organisieren. Anmerkung: Die Materialien sind besonders im Rahmen von Ausbildungen oder bei umfassenderen Maßnahmen von Arbeitgeber- und Arbeitnehmerverbänden hilfreich.

Das „Safe Work for Youth" Programm bietet außerdem Unterstützung für diejenigen, die die Materialien für ein OSH Expertengremium nutzen wollen. Die Arbeit dieser Experten besteht darin, lokal produzierte Materialien, gemäß der OSH Standards, auf ihre Korrektheit und Zusammensetzung zu prüfen, Fragen zu beantworten, lokale Ausbilder ausfindig zu machen, Personen auszustatten sowie benötigte, zusätzliche Materialien bereitzustellen.

# Anhang 2

*Schritte zum Erfolg*

Die Materialien sind nicht in Printform, sondern lediglich als Dokumentvorlage online erhältlich. Diese kann gratis auf http://ilo.org/ipec/areas/Safeworkforyouth heruntergeladen werden. Wenn ein Programm zur Sensibilisierung junger Kinderarbeiter durchgeführt wird, kann der Organisator (z.B. der Vertreter der Gewerkschaft) die Vorlagen ausdrucken und als Basis für eine Gruppendiskussion mit jungen Arbeitern und/oder Arbeitgebern nutzen. Einmal von den Teilnehmern der Diskussion ausgefüllt, werden die Papiere OSH Experten zur Überprüfung und Ergänzung zugesandt. Die Dokumente werden formatiert und dem Organisator dann zur Umsetzung und Verteilung zurückgeschickt.

Falls die bereits bestehenden Materialien den Bedürfnissen des Organisators genügen, muss er nur örtliche Zeichnungen oder Fotos, ein Fallbeispiel und die relevanten Gesetze hinzufügen sowie die Übersetzung in die lokale Sprache in Auftrag geben.

Die Merkblätter und zugehörigen Materialien werden stets aktualisiert und auf neue Sektoren ausgeweitet.

*Fallbeispiel:*
*Ein OSH Institut benutzt Materialien von „Safe Work for Youth"*

Das nationale Institut für Wirtschaftsingenieurwesen sowie das Fürsorgeamt der Stadt Mumbai in Indien organisierten Gruppengespräche mit einer kleinen Anzahl Arbeiter, ungefähr zwölf Teilnehmern, im Alter zwischen 14 und 18 Jahren aus Berufsfeldern, wie der Schlosserei, der Messingindustrie und anderen lokalen Sektoren.

Schon früh merkte das Team des OSH Instituts, dass nur wenige der jungen Arbeiter ein zumindest grundlegendes Verständnis für das Konzept der Arbeitssicherheit und Gesundheit besaßen. Und so führten die Gruppendiskussionen zu einem doppelten Ergebnis. Die Merkblätter der verschiedenen Berufsfelder, wie der Schlosserei usw., wurden nicht nur in den regionalen

Werkstätten verteilt, die Mitglieder des Instituts nutzten sie auch zur Sensibilisierung von Arbeitern, z.B. in der informellen Fabrikarbeit. Zusammen mit den jungen Teilnehmern gelang es dem OSH Team, Listen von Tätigkeiten zu erstellen, die sie für gefährlich erachteten, um danach Arbeitern und Arbeitgebern vorzuschlagen, wie Gefahren minimiert werden könnten.

Dies zeigt den steigenden Einfluss von lokalen und gesellschaftlichen Kräften. Mit der Arbeit an Alltagssituationen und der Ausbildung einer jungen Gruppe Arbeiter, die wiederum andere junge Arbeiter schult, kann dieses Erfolgsmodell weiter verbreitet werden. Das Konzept, welches von Jugendlichen zu Jugendlichen weitergegeben wird, stellte sich als äußerst effektiv heraus, Nachrichten über Arbeitsschutz und Kinderarbeit zu verbreiten.

## *OSH Bildung: Youth@Work*

Um die Anzahl der beruflichen Verletzungen und Krankheiten, die jedes Jahr behandelt werden müssen, unter Jugendlichen zu reduzieren,[141] entwickelte das Nationale Institut für Sicherheit und Gesundheitsschutz am Arbeitsplatz der USA (National Institute for Occupational Safety and Health = NIOSH) zusammen mit seinen Partnern die Stiftung „Youth@Work". Youth@Work hat sich zum Ziel gesetzt, das Wissen und die Fähigkeiten von Schülern der Oberstufe, mit Hinblick auf die Wahrnehmung von beruflichen Risiken, Gefahren am Arbeitsplatz, Jugendarbeitsgesetzen, Notfällen, Problemlösungen und kommunikativen Fähigkeiten zu ergänzen.

Durch dieses Programm gewannen die Teilnehmer, im Vergleich zu einer Kontrollgruppe, ein beträchtliches Wissen über die wichtigsten OSH Konzepte. Herausragend und maßgeblich war jedoch das Verständnis der Schüler für die Methoden zur Kontrolle von Gefahren am Arbeitsplatz sowie das Wissen über Jugendarbeitsgesetze und Notfallverfahren. Ebenso konnten die Schüler Fähigkeiten erwerben, die nützlich für die Erkennung von gefährlichen Arbeiten sind und lernten Sicherheitsprüfungen durchzuführen sowie gefährliche Arbeitsbedingungen bzw. Missbrauch zu melden. Das Programm wird derzeit

---

141   http://www.cdc.gov/niosh/topics/youth (Stand: 10.Februar 2010).

# Anhang 2

mit Hinblick auf eine Anwendung in Ägypten oder anderen arabischen Ländern überprüft.

## Schritte zum Erfolg

Das Programm wurde in traditionellen und berufsbildenden Schulen, wie auch ländlichen, suburbanen oder urbanen Schulen getestet. Es ist interaktiv, enthält sogar Spiele und lustige Aktivitäten zur Vermittlung der Schlüsselkonzepte. Der Lehrplan ist gratis und fügt sich leicht in die Stundenpläne ein, weshalb er von Lehrern, die neue Ansätze und Materialien suchen, besonders gerne angenommen wird.

## Fallbeispiel:
## Griechische Oberschule

Wie die meisten Jugendlichen weltweit, erhalten junge Griechen Informationen über Arbeitsunfälle vor allem durch die Massenmedien und haben wenig Ahnung über OSH, bevor sie den Arbeitsmarkt betreten. Hoffnungen, ein guter OSH Lehrplan könnte eines Tages Kinder vor dem Tod oder vor Verletzungen am Arbeitsplatz schützen, brachten ein 5-Jahres Pilot Programm auf den Weg, welches in der Oberschule der Athener Gemeinde Psychico, von 2002 an, durchgeführt wurde. Im Falle eines Erfolgs war geplant die OSH Schulungen in die Lehrpläne der Schulen endgültig zu integrieren.

Die erste Etappe des Programms beinhaltete eine Beurteilung des Wissens und der Einstellung der Schüler gegenüber OSH. Danach wurde ein Aufsatzwettbewerb zum Thema OSH veranstaltet, der sowohl in den Massenmedien, wie auch bei einer kommunalen Veranstaltung mit Experten und Würdenträgern präsentiert wurde. Ein Buch mit dem Titel Health protection at work: A subject for education of general secondary school students, in dem die zehn besten Aufsätze abgedruckt waren, wurde in der dritten Phase veröffentlicht. Mit diesem Modell wurden die Schüler selbst zu Lehrern des OSH.[142]

---

[142] T. Bazas: „An example of a successful pilot education program on occupational health in general secondary schools in Greece", in Global Occupational Health Network Newsletter (2005), Nr. 9, Sommer, S. 8-9.

## Lokale Partner in der Landwirtschaft: WIND

Das Work Improvement in Neighbourhood Development (WIND) Programm steht für die Förderung der Sicherheit und Gesundheit in ländlichen, landwirtschaftlichen Gebieten. Dies will WIND, ein von DorfbewohnerInnen initiiertes Programm, mit geringem finanziellen Aufwand erreichen. Der Reiz des Projekts ist, örtliches, überliefertes Wissen in Lösungskonzepte einzubinden und anhand lebensnaher Beispiele gute Lösungsmaßnahmen zu vermitteln. In Gegenden mit hohen Analphabetenraten werden dafür stets anschauliche Bilder benutzt.

Partizipatorische Ansätze sind gewissermaßen das Fundament von WIND. Die zweitägigen Schulungen beginnen, noch vor irgendeiner Präsentation, mit einem Besuch auf einer Farm. Die Kurse bestehen letztendlich vor allem aus kleinen Gruppendiskussionen, in denen sogar schüchterne Farmer sich trauen, das Wort zu ergreifen. Die Schulungen betonen stets die Möglichkeit der Bauern, ihre Probleme selbst zu erkennen und praktisch zu lösen. Zu den Materialien gehören vereinfachte Diagramme bewährter Sicherheitspraktiken sowie Checklisten, die aufgehängt werden können.

Obwohl WIND auf alle Landarbeiter ausgerichtet ist, beschäftigt sich das Programm besonders mit der Beseitigung von gefährlicher Kinderarbeit, auch durch Beschreibungen von angemessenen Arbeitsbedingungen für Kinder und Erwachsene.

## Schritte zum Erfolg

Das WIND Programm wurde ausgewertet und es wurde herausgefunden, worin sein Schlüssel zum Erfolg liegt: (1) das Eingehen auf die unmittelbaren Bedürfnisse der ländlichen Bevölkerung durch einfache und praktische Verbesserungen, die die Bauern selbst durchführen können; (2) maximieren des Nutzens von Verbänden, die in ländlichen Gegenden existieren, wie zum Beispiel Landarbeiter Organisationen oder Genossenschaften; (3) die gleichwertige Einbindung aller DorfbewohnerInnen in die Planung und Umsetzung von Verbesserungen; (4) Freiwillige, die die Nachrichten ins Land tragen; und

# Anhang 2

(5) einfache Übungswerkzeuge, die von Freiwilligen, Ausbildern oder Teilnehmern selbst, entwickelt werden können. Die ILO entwickelte WIND in den 1990ern zusammen mit Organisationen in Vietnam.[143] Es basiert auf der erfolgreichen WISE Unternehmensverbesserungs-Methologie.

## EU-OSHAs Kampagne „Starte sicher"
Gefährliche Kinderarbeit ist nicht nur ein Problem in armen Nationen und Entwicklungsländern. Kinderarbeiter sterben auch jeden Tag in der entwickelten Welt, zum Beispiel auf US Feldern, in europäischen Fabriken oder gar japanischen Fischereien. Die Arbeit für Jugendliche in diesen Ländern ist im Allgemeinen zwar sicherer als in den weiten Gebieten Afrikas, Asiens, Zentral- und Südamerikas. Aber sicherer bedeutet nicht zwangsläufig sicher.

Die „Starte sicher" Kampagne[144] fördert die Aufklärung junger Arbeiter und gibt Arbeitgebern Ratschläge, wie die Schulung junger Leute durchgeführt werden kann. Das Projekt konzentriert sich dabei auf die Bildungsgemeinschaft, wobei das „Starte sicher" Konzept in Schulen und Universitäten, Jugendorganisationen und Berufsausbildungs-Zentren vorgestellt wird.

## Schritte zum Erfolg
Die Lehrgänge werden als Teil des OSH Systems durchgeführt; durch eine Kontrolle der Risiken soll schädlichen Belastungen vorgebeugt werden. Der wichtigste Faktor ist dabei die Einbindung aller relevanten Partner in das Projekt. Arbeitsaufsichtsbehörden und OSH Spezialisten vermitteln ihre Botschaften zum Beispiel am Effektivsten, wenn sie mit Schulen und Bildungsorganisationen zusammenarbeiten.

Die Integration von Gewerbebetrieben und Arbeitsvertretern fügt der Ausbildung eine umfassendere Perspektive hinzu. Das Interesse der jungen Leute an OSH Konzepten ist dabei von höchster Wichtigkeit. Junge Arbeiter, die die

---

143 Zentrum für berufliche Gesundheit und Umgebung, Abteilung Gesundheit: Work improvement in neihbourhood development (Can Tho city, Vietnam, 2005).

144 Europäische Agentur für Sicherheit und Schutz am Arbeitsplatz: Preventing risks to young workers: Policy, programmes and workplace practice (Brüssel, 2009).

Grundlagen von OSH gelernt haben, können die Risiken der gesamten Arbeiterschaft beheben sowie zur Entwicklung einer verbesserten Sicherheitskultur beitragen.

*Fördern und Verbreiten von OSH in der Schule*
Die Europäische Union bezieht sich, bezüglich Gesundheit und Sicherheit bei der Arbeit, auf die Bildungs- und Präventionskultur als Schlüsselfaktor zur Sicherung und Verbesserung der Qualität von Arbeit. Die Europäische Agentur für Sicherheit und Gesundheitsschutz am Arbeitsplatz hat, zur Unterstützung dieser Strategie, den Bericht Mainstreaming occupational safety and health into education: Good practice in school and vocational education (2004) veröffentlicht, der einen umfassenden Überblick über bewährte Verfahrensweisen und Beispiele in ganz Europa gibt und die Schritte in Richtung einer systematischen Integration von OSH in Bildung und Ausbildung vorschlägt.

Um die OSH Bildung in Schulen und Universitäten zu integrieren, ist es nötig, sie im Lehrplan zu erwähnen. In den Mitgliedstaaten wurden, in Bezug auf die Durchsetzung und Planung von Maßnahmen, beträchtliche Fortschritte sowohl auf Ebene der Grund- als auch Oberschulen gemacht.

*Die Maßnahmen zur Eingliederung von OSH in die Lehrpläne, bestehen aus:*

- » gesetzlichen Anforderungen;
- » freiwilligen Lehrplänen;
- » Richtlinien und Mittel, die gesetzliche Ansprüche und freiwillige Lehrpläne unterstützen;
- » formellen Empfehlungen;
- » nationalen Richtlinien und Mittel, wenn keine Lehrpläne erstellt werden;
- » fördernden Kampagnen, um oben genannte Punkte zu unterstützen;
- » Ansätzen, die an die Erfolge sicherer und gesunder Schulen anknüpfen.

# Anhang 2

Die Bildung als Projekt der Zusammenarbeit auf europäischem Level ist das Resultat einer Annäherung an Kerninhalte und Lernziele von Schulen aller Mitgliedsländer. Risikoaufklärung und OSH werden zwar generell nicht als eigenständiges Fach unterrichtet; es kann jedoch in die Lernziele anderer relevanter Fächer des Lehrplans eingegliedert werden, wie zum Beispiel Wissenschaft, Physik, Gesundheitserziehung und Bürgerrecht. Es ist deshalb wichtig, die Risikoaufklärung und OSH Lernziele im Hinblick auf die Kerninhalte des Lehrplans für verschiedene Altersgruppen zu entwickeln.

## *Nützliche Links*
http://osha.europa.eu/en/publications/factsheets/82
http://agency.osha.eu.int/publications/reports
http://osha.europa.eu/en/publications/factsheets/52
http://agency.osha.eu.int

## *Andere Quellen zum Thema gefährliche Arbeit*
Health and Safety Awareness for Working Teens, Staat Washington, USA
http://www.uwworksafe.com/worksafe/request/
Der flexible Fünf-Einheiten Lehrplan für Schüler der Klassen 9-12 bietet Jugendlichen, die nicht in der Landwirtschaft arbeiten, grundlegende Informationen über die Gesundheit und Sicherheit am Arbeitsplatz. Dank altersgemäßer Aktivitäten und Lektionen, kann der Lehrplan in einer Vielzahl von berufsbildenden- oder technischen Kursen genutzt werden.

## *The SAFE Work Student Program, Manitoba, Kanada*
http://www.gov.mb.ca/labour/safety/youth/pdf/youthbinder.pdf
Diese Instruktionen beschäftigen sich mit den Rechten und Pflichten von Jugendlichen, wie mit der Erkennung von Gefahren am Arbeitsplatz. Die Module bestehen aus detaillierten Lektionen und Ausbildungshilfen, wie Videos, Bilder und Merkblätter. Ergänzende Materialien und Quellen helfen

bei der Ausrichtung des Informationsmaterials bezüglich Alter, Erfahrung und Art der Klasse.

## *Student WorkSafe Program: Planning 10, British Columbia, Kanada*
http://www2.worksafebc.com/PDFs/YoungWorker/Plan_10/plan10.pdf
http://www.publications.gov.bc.ca
Der Lehrplan aus sechs Lektionen spiegelt die neuen OSH Regelungen zur Orientierung und Schulung junger Arbeiter wider. Er enthält außerdem brandneue Informationen zur Vorbeugung von Gewalt am Arbeitsplatz.

## *Rights and Responsibilities Programme, British Columbia, Kanada*
http://www.raiseyourhand.com
Dieses interaktive Lehrplanprogramm zum Selbststudium hilft neuen und jungen Arbeitern ihre Verpflichtungen und Rechte auf Gesundheit und Sicherheit am Arbeitsplatz besser zu verstehen. Es baut auf das Programm Student WorkSafe Program: Planning 10 auf und ergänzt vorgeschriebene und wählbare Fächer der 11. und 12. Klasse.

## *Six Steps to a Safe and Healthy Workplace, Gewerkschaftsrat Neuseeland, Neuseeland*
http://www.osh.dol.govt.nz/kidz/ctu/images/ctukit.doc
http://www.osh.dol.govt.nz/kidz/ctu/images/ctukit.pdf
Das Ziel dieser Informationsmaterialien für Schüler und Lehrer ist, die Arbeitsplätze junger Menschen sicherer und gesünder zu machen. Das Programm passt daher zu Jugendlichen im Alter zwischen 15 und 25 Jahren, die entweder parallel zur Schule und während der Ferien arbeiten, oder bereits ihre Schullaufbahn abgeschlossen haben und in ihren ersten Jobs beschäftigt sind. Es ist auch für Menschen jeden Alters hilfreich, die kaum oder kein Wissen über die Gesundheit und Sicherheit am Arbeitsplatz verfügen.

# Anhang 2

*Worksafe Smart Move, Westaustralien*
http:/www.safetyline.wa.gov.au
Diese Internetquelle für Schüler der Klassen 10, 11 und 12 wurde konzipiert, um Jugendlichen die OSH Gefahren und Gesetze näher zu bringen sowie praktische Lösungen für gewöhnliche Sicherheits- und Gesundheitsprobleme vorzuschlagen. Enthalten sind außerdem zehn industrie-spezifische Module, in denen die Gefahren der Berufssparten aufgeführt werden.

*Workplace Health and Safety Queensland's Interactive Café:*
The Hazards of Hospitality, Queensland, Australien
http://www.deir.qld.gov.au/workplace/cafeonline/index.htm
Die Webseite versucht mit Graphiken und einfachen Texten, Jugendlichen die häufigsten Gefahren unterschiedlicher Tätigkeiten bei der Arbeit im Restaurant und deren Prävention näher zu bringen.

*Wood Shop Safety Web Site, Staat Washington, USA*
http://www.uwworksafe.com/woodshop/default.cfm
Diese Internetseite wurde entwickelt, um Schüler zu lehren, wie sie sich vor den verschiedenen Gefahren schützen können, die ihnen bei der Arbeit in der Schulwerkstatt beggegnen. Ein Bereich beschäftigt sich mit Gesundheits- und Sicherheitsinformationen für Schreinereien; der andere Bereich gibt Ratschläge zur sicheren Benutzung der verschiedenen Werkzeuge.

*Youth Worker Safety in Restaurants, US Arbeitsministerium*
http://www.osha.gov/SLTC/youth/restaurant/index.html
Dieses illustrierte, interaktive, auf das Internet basierende Übungswerkzeug beschreibt die verbreiteten Gefahren und mögliche, sichere Lösungen für junge Arbeiter und Arbeitgeber des Restaurantgewerbes.

## Quellen für Arbeitgeber

*ACT/EMP und IOE*: Eliminating child labour: Guides for employers, Anne-Brit Nippierd, Sandy Gros-Louis, Paul Vandenberg, Zweite Ausgabe, ILO, 2009
http://www.ilo.org/public/english/dialogue/actemp/whatwedo/projects/cl/guides.htm
Eine Reihe von Richtlinien, die vom Bureau for Employers' Activities entwickelt wurden, um Unternehmen und ihren Organisationen Kinderarbeit verständlich zu machen und zu helfen, dagegen vorzugehen.

*Dare to Care, Ontario Service Safety Alliance (OSSA)*
http://www.ossa.com/content/resources/darecare.cfm

Diese Zusammenstellung von Videos und interaktivem Übungsmaterial versorgt neue Arbeitnehmer und Manager mit Informationen über Gesundheit und Sicherheit am Arbeitsplatz. Darin sind Richtlinien für das Büro, das Restaurantwesen, den Verkauf, den Autohandel sowie dem Hotel- und Gastgewerbe vorhanden. Außerdem unterstreichen die Materialien stets, wie kosteneffektiv ein sicherer Arbeitsplatz sein kann. Die Übungen wurden in Zusammenarbeit mit Jugendlichen und Arbeitgebern entwickelt.

*Safeteen Employer Kit, Arbeitsministerium Maine*
http://www.maine.gov/labor/bls/safeteen
Das Safeteen Kit wurde konzipiert, um Arbeitgebern und jungen Arbeitern zu helfen, die Verantwortung und Anforderungen an Sicherheit am Arbeitsplatz zu verstehen. Der Ratgeber erklärt die Regeln und Vorschriften, die mit der Beschäftigung von Jugendlichen einhergehen. Das Programm ist gefüllt mit Übungen und Aktivitäten, um sichere Arbeitsbedingungen besser zu veranschaulichen. Der Guide for working teens, die Poster und kleinen Karten sind gut geeignet, um an junge Arbeiter verteilt zu werden.

# Anhang 2

*Tools for Orienting Work Site Supervisors about Youth Health and Safety,*
Arbeitsgesundheits-Programm, Berkeley Universität von Kalifornien
http://www.youngworkers.org
Es handelt sich bei diesem Programm, um ein Informationspaket für Arbeitsaufseher mit vier Methoden zur Ausbildung: (1) Checkliste für Ausbilder und Trainer; (2) Vertrag zum Sicherheitstraining; (3) Sicherheits-Checkliste; (4) Merkblatt für Arbeitgeber: Safe Jobs for Youth.

*Young Workers:Employer's Resources*
The Royal Society for the Prevention of Accidents
http://youngworker.co.uk/employers/resources/index.htm

## Literaturverzeichnis

Abdel Rasoul, G.M. et al. 2008. "Effects of occupational pesticide exposure on children applying pesticides", in Neurotoxicology, Vol. 29, No. 5, pp. 833–888.

Alem, A. et al. 2006. "Child labor and childhood behavioral and mental health problems in Ethiopia",in Ethiopian Journal of Health Development, Vol. 20, No. 2, pp. 119–126.

Arcury, T.A. et al. 2001. "The incidence of green tobacco sickness among Latino farmworkers", in Journal of Occupational and Environmental Medicine, Vol. 43, No. 7, pp. 601–609.

Athanasiadou, M. et al. 2008. "Polybrominated diphenyl ethers (PBDEs) and bioaccumulative hydroxylated PBDE metabolites in young humans from Managua, Nicaragua", in Environmental Health Perspectives, Vol. 116, pp. 400–408, doi:10.1289/ehp.10713.

Awan, S. 2007. Hazards faced by young workers in textile, garments and leather goods sectors in Pakistan (Lahore, Pakistan, Centre for the Improvement of Working Conditions & Environment).

–; et al. 2008. Occupational safety and health hazards of brick kiln workers (Lahore, Pakistan, Centre for the Improvement of Working Conditions & Environment).

–; et al. 2010. "Health hazards, injury problems, and workplace conditions of carpet-weaving children in three districts of Punjab, Pakistan", in International Journal of Occupational and Environmental Health, Vol. 16, No. 2, pp. 115–121.

Banza, C.L.N. et al. 2009. "High human exposure to cobalt and other metals in Katanga, a mining area of the Democratic Republic of Congo", in Environmental Research, Vol. 109, No. 6, pp. 745–752.

Bazas, T. 2005. "An example of a successful pilot education program on occupational health in general secondary schools in Greece", in Global Occupational Health Network Newsletter, No. 9, Summer, pp. 8–9.

Bellinger, D.C. et al. 1992. "Low-level lead exposure, intelligence and academic achievement: A longterm follow-up study", in Pediatrics, Vol. 90, No. 6, pp. 855–861.

Belville, R. et al. 1993. "Occupational injuries among working adolescents in New York State", in Journal of the American Medical Association, Vol. 269, No. 21, p. 2760.

Benvegnu, L.A. et al. 2005. "Work and behavioural problems in children and adolescents", in International Journal of Epidemiology, Vol. 34, No. 6, pp. 1417–1424.

Bonneterre, V. et al. 2007. "Sino-nasal cancer and exposure to leather dust", in Occupational Medicine, Vol. 57, pp. 438–443.

Bose-O'Reilly, S. et al. 2008. "Mercury as a serious health hazard for children in gold mining areas", in Environmental Research, Vol. 107, pp. 89–97.

# Anhang 2

Calvert, G. et al. 2003. "Acute pesticide-related illnesses among working youths, 1988-1999", in American Journal of Public Health, Vol. 93, pp. 605-610.

Castillo, D. et al. 1994. "Occupational injury deaths of 16- and 17-year-olds in the United States", in American Journal of Public Health, Vol. 84, pp. 646-649.

Castro, C. 2010. Measuring hazardous work and identifying risk factors for non-fatal injuries among children working in Philippine agriculture (Washington, DC), unpublished document.

Celik, S.S.; Baybuga, M.S. 2009. "Verbal, physical and sexual abuse among children working on the street", in Australian Journal of Advanced Nursing, Vol. 26, No. 4, pp. 14-22.

Centers for Disease Control and Prevention (CDC). 2010. "Occupational injuries and deaths among younger workers – United States, 1998-2007", in Morbidity and Mortality Weekly Report (MMWR) (23 April), Vol. 59, No. 15, pp. 449-455. Available at: http://www.cdc.gov/mmwr/preview/mmwrhtml/mm5915a2.htm [28 Apr. 2011].

Centre for Occupational Health and Environment, Department of Health. 2005. Work improvement in neighbourhood development (Can Tho city, Viet Nam).

Chau, N. et al. 2004. "Relationships between certain individual characteristics and occupational injuries for various jobs in the construction industry: A case-control study", in American Journal of Industrial Medicine, Vol. 45, No. 1, pp. 84-92.

Clarkson, T.W. et al. 2003. "The toxicology of mercury: Current exposures and clinical manifestations", in New England Journal of Medicine, Vol. 349, pp. 1731-1737.

Corriols, M.; Aragón, A. 2010. "Child labour and acute pesticide poisoning in Nicaragua: Failure to comply with children's rights", in International Journal of Occupational and Environmental Health, Vol. 16, No. 2, pp. 193-200.

Daniels, J.L. et al. 2001. "Residential pesticide exposure and neuroblastoma", in Epidemiology, Vol. 12, p. 20.

Doocy, S. et al. 2006. Nutrition and injury among child porters in Eastern Nepal (Johns Hopkins Bloomberg School of Public Health, Baltimore, MD, and United States Department of Labor). Available at: http://www.dtiassociates.com/ilab-iclp/fullpapers/Doocy_Crawford_Lewy_Wall.pdf [28 Apr. 2011].

Eckerman, D.A. et al. 2007. "Age related effects of pesticide exposure on neurobehavioral performance of adolescent farm workers in Brazil", in Neurotoxicology and Teratology, Vol. 29, No. 1, pp. 164-175.

European Agency for Safety and Health at Work. 2009. Preventing risks to young workers: Policy, programmes and workplace practices (Brussels).

Fassa, A.G. 2003. Health benefits of eliminating child labour (Geneva, ILO).

– ; et al. 2005. "Child labour and musculoskeletal disorders: The Pelotas (Brazil) epidemiological survey", in Public Health Reports, Vol. 120, No. 6, pp. 665-673.

Goldmann, L. et al. 2004. *Childhood pesticide poisoning: Information for advocacy and action* (Châtelaine, UNEP).

Gunn, S.; Ostos, Z. 1992. "Dilemmas in tackling child labour: The case of scavenger children in the Philippines", in *International Labour Review*, Vol. 131, No. 6, pp. 629–646.

Halim, U. 2010. "Child labour in fishery and aquaculture: Need for a perspective – in the light of experiences from India", Presentation at the Food and Agriculture Organization of the United Nations (FAO) Workshop on Child Labour in Fisheries and Aquaculture, Rome, 14–16 April.

Harari, R.; Cullen, M.R. 1995. "Childhood lead intoxication associated with manufacture of roof tiles and ceramics in the Ecuadorian Andes", in *Archives of Environmental Health*, Vol. 50, No. 5, p. 393.

Henao, S.; Arbelaez, M. 2002. "Epidemiological situation of acute pesticide poisoning in the Central America Isthmus, 1992–2000", in *Epidemiology Bulletin*, Vol. 23, pp. 5–9.

Human Rights Watch. 2010. *Fields of peril: Child labor in US agriculture* (New York).

Institute for Occupational Safety and Health, for the European Agency for Safety and Health at Work. 2006. *OSH in figures: Young workers – Facts and figures 2006*. Available at: http://osha.europa.eu/en/publications/reports/7606507 [28 Apr. 2011].

International Labour Office (ILO). 1995. *National labour law profile: Islamic Republic of Pakistan, Employment of Children Act 1991; Rules 1995, Government of Pakistan*. Available at: http://www.ilo.org/public/english/dialogue/ifpdial/info/national/pak.htm [23 Mar. 2010].

–. 1999. *Child labour in small-scale mining: Examples from Niger, Peru & Philippines*, Working paper, edited by N.S. Jennings (Geneva).

–. 2003. *Conditions of work in the fishing sector: A comprehensive standard (Convention supplemented by a Recommendation) on work in the fishing sector*, Report V(1) (Geneva).

–. 2004. *Safework: Construction hazards* (Geneva).

–. 2010. *How to guide on economic reintegration, ILO-YEP Conceptual Framework* (Turin).

–. 2011. *Decent work for domestic workers*, Report IV (2B), Fourth item on the agenda, Article 1(a) and (b), International Labour Conference, 100th Session, Geneva. Available at: http://www.ilo.org/wcmsp5/groups/public/---ed_norm/---relconf/documents/meetingdocument/wcms_152576.pdf [28 Apr. 2011].

ILO-ACT/EMP; IOE. 2007. *Eliminating child labour. Guide 2: How employers can eliminate child labour* (Geneva, ILO).

International Programme on the Elimination of Child Labour (IPEC). 2000. *Ecuador: Trabajo infantil en la floricultura*, Rapid Assessment No. 35 (Geneva, ILO). Available at: http://www.ilo.org/ipecinfo/product/viewProduct.do?productId=665 [18 May 2011].

# Anhang 2

–. 2002. *El Salvador: Trabajo infantil doméstico: Una evaluación rápida* (Geneva, ILO). Available at: http://www.ilo.org/ipecinfo/product/viewProduct.do?productId=6934 [18 May 2011].

–. 2005. *A load too heavy: Children in mining and quarrying* (Geneva, ILO). Available at: http://www.ilo.org/ipecinfo/product/viewProduct.do?productId=880 [18 May 2011].

–. 2006a. *Action against child labour: Highlights 2006* (Geneva, ILO). Available at: http://www.ilo.org/ipecinfo/product/viewProduct.do?productId=3764 [18 May 2011].

–. 2006b. *Global child labour trends 2000 to 2004* (Geneva, ILO). Available at: http://www.ilo.org/ipecinfo/product/viewProduct.do?productId=2299 [18 May 2011].

–. 2006c. *Minors out of mining! Partnership for global action against child labour in smallscale mining* (Geneva, ILO). Available at: http://www.ilo.org/ipecinfo/product/viewProduct.do?productId=2519 [18 May 2011].

–. 2006d. *Survey report: Child domestic workers in Ho Chi Minh city* (Viet Nam, ILO). Available at: http://www.ilo.org/ipecinfo/product/viewProduct.do?productId=4784 [18 May 2011].

–. 2007a. *Girls in mining: Research findings from Ghana, Niger, Peru, and United Republic of Tanzania* (Geneva, ILO). Available at: http://www.ilo.org/ipecinfo/product/viewProduct.do?productId=5304 [18 May 2011].

–. 2007b. *Hazardous child domestic work: A briefing sheet* (Geneva, ILO). Available at: http://www.ilo.org/ipecinfo/product/viewProduct.do?productId=4044 [18 May 2011].

–. 2008. *Rapid assessment of child labour in non-traditional mining sector in Zambia* (Geneva, ILO). Available at: http://www.ilo.org/ipecinfo/product/viewProduct.do?productId=13633 [18 May 2011].

–. 2009a. *Crecer protegido. Manual para la proteccion del adolescente trabajador* (Santiago, ILO). Available at: http://www.ilo.org/ipecinfo/product/viewProduct.do?productId=14113 [18 May 2011].

–. 2009b. *Give girls a chance: Tackling child labour, a key to the future* (Geneva, ILO) Available at: http://www.ilo.org/ipecinfo/product/viewProduct.do?productId=10290 [18 May 2011].

–. 2009c. *Working children situation in eight provinces/cities of Vietnam* (Hanoi, ILO) Available at: http://www.ilo.org/ipecinfo/product/viewProduct.do?productId=13014 [18 May 2011].

–. 2010a. *Accelerating action against child labour* (Geneva, ILO). Available at: http://www.ilo.org/ipecinfo/product/viewProduct.do?productId=13853 [18 May 2011].

–. 2010b. *Elimination of the worst forms of child labour in sugarcane sector: A different world is possible* (El Salvador, ILO). Available at: http://www.ilo.org/ipecinfo/product/viewProduct.do?productId=15175 [18 May 2011].

–. 2010c. *Global child labour developments: Measuring trends from 2004 to 2008* (Geneva, ILO). Available at: http://www.ilo.org/ipecinfo/product/viewProduct.do?productId=13313 [18 May 2011].

–. 2010d. *Roadmap for achieving the elimination of the worst forms of child labour by 2016, Conference Report* (Geneva, ILO). Available at: http://www.ilo.org/ipecinfo/product/viewProduct.do?productId=13453 [18 May 2011].

–. Unpublished. *The informal gold mining sub-sector in Mongolia: A comprehensive sector-based project to prevent and eliminate child labour and improve the situation of informal gold miners* (Ulaanbaatar, ILO).

ILO Youth Employment Programme. 2010. *Conceptual framework on the linkages between child labour and youth employment* (Geneva, September).

Jeyaratnam, J. et al. 2000. "Acute pesticide poisoning: A major global health problem", in *World Health Statistics Quarterly*, Vol. 43, No. 3, pp. 139–144.

Lachowski, S. 2009. "Engagement of children in agricultural work activities: Scale and consequences of the phenomenon", in *Annals of Agricultural and Environmental Medicine*, Vol. 16, No. 1, pp. 129–135.

Landrigan, P.J. et al. 2002. "Environmental pollutants and disease in American children: Estimates of morbidity, mortality, and costs for lead poisoning, asthma, cancer, and developmental disabilities", in *Environmental Health Perspectives*, Vol. 110, No. 7, pp. 721–728.

Leiss, J.K. et al. 1995. "Home pesticide use and childhood cancer: A case-control study", in *American Journal of Public Health*, Vol. 85, pp. 249–252.

Libao Castro, C. 2007. *Child sakadas in Philippine agriculture: Researching injury hazards for working children in the context of international labor standards and United States foreign policy*, Doctoral dissertation, George Washington University.

Ma, X. et al. 2002. "Critical windows of exposure to household pesticides and risk of childhood leukemia", in *Environmental Health Perspectives*, Vol. 100, p. 955.

Markkanen, P. 2005. "Dangers, delights, and destiny on the sea: Fishers along the east coast of northern Sumatra, Indonesia", in *New Solutions*, Vol. 15, No. 2, pp. 113–133.

Mathur, M. et al. 2009. "Incidence, type and intensity of abuse in street children in India", in *Child Abuse and Neglect*, Vol. 33, No. 12, pp. 907–913.

Merlino, L.A. et al. 2003. "Symptoms of musculoskeletal disorders among apprentice construction workers", in *Applied Occupational and Environmental Hygiene*, Vol. 18, No. 1, pp. 57–64.

Mitra, S. 1993. "A study of the health conditions of child workers in a small scale leather industry in Calcutta", in *British Journal of Industrial Medicine*, Vol. 50, pp. 938–940.

Morse, T. et al. 2004. "Trends in work-related musculoskeletal disorder reports by year, type, and industrial sector: A capture–recapture analysis", in *American Journal of Industrial Medicine*, Vol. 48, No. 6, pp. 40–49.

National Institute for Occupational Safety and Health (NIOSH). 1997. *Child labor research needs, Special hazard review*, Publication No. 97-143 (Cincinnati, OH, DHHS (NIOSH)).

# Anhang 2

–. 2008. *Child fact sheet on agriculture and injuries, annual report* (Washington, DC).

–. 2009. *Pesticide illness & injury surveillance* (24 April). Available at: http://www.cdc.gov/niosh/topics/pesticides/ [27 Jan. 2010].

Navch, T. et al. 2006. *Informal gold mining in Mongolia: A baseline survey report covering Bornuur and Zaamar Soums, Tuv Aimag* (Geneva, ILO).

Needleman, H.L.; Gatsonis, C.A. 1990. "Low-level lead exposure and the IQ of children: A metaanalysis of modern studies", in *Journal of the American Medical Association*, Vol. 263, No. 5, pp. 673–678.

Nuwayhid, I.A. et al. 2005. "Health of children working in small urban industrial shops", in *Occupational and Environmental Medicine*, Vol. 62, No. 2, pp. 86–94.

Pickett, W. et al. 2008. "Hospitalized head injuries in agricultural settings: Who are the vulnerable groups?", in *Accident Analysis and Prevention*, Vol. 40, No. 6, pp. 1943–1948.

Pinzon-Rondon, A.M. et al. 2010. "Workplace abuse and economic exploitation of children working in the streets of Latin American cities", in *International Journal of Occupational and Environmental Health*, Vol. 16, pp. 162–169.

Plan Malawi. 2008: "Preface", in *Hard work, long hours, and little pay* (Lilongwe, Malawi).

Rasmussen, K. et al. 2000. "Incidence of work injuries amongst Danish adolescents and their association with work environment factors", in *American Journal of Industrial Medicine*, Vol. 54, pp. 143–152.

Rauscher, K.J. et al. 2011. "Work-related fatalities among youth ages 11–17 in North Carolina, 1990–2008", in *American Journal of Industrial Medicine*, Vol. 54, pp. 136–142.

Renick, K.M. et al. 2009. "Hearing loss among Ohio farm youth: A comparison to a national sample", in *American Journal of Industrial Medicine*, Vol. 52, No. 3, pp. 233–239.

Rojas, M. et al. 2010. "Trabajo infantil y salud en un mercado público de Valencia, Venezuela", in *Revista de Salud Pública*, Vol. 12, No. 1, pp. 135–143.

Rosenstock, L. et al. 1991. Pesticide Health Effects Study Group: "Chronic central nervous system effects of acute organophosphate pesticide intoxication", in *Lancet*, Vol. 338, No. 8761, pp. 223–227.

Saddik, B. et al. 2003. "Evidence of neurotoxicity in working children in Lebanon", in *Neurotoxicology*, Vol. 24, Nos. 4–5, pp. 733–739.

–. 2005. "The effects of solvent exposure on memory and motor dexterity in working children", in *Public Health Reports*, Vol. 120, No. 6, pp. 657–663.

Saiyed, H. et al. 2003. "Effect of endosulfan on male reproductive development", in *Environmental Health Perspectives*, Vol. 111, No. 16, pp. 1958–1962.

Save the Children. 2006. *Abuse among child domestic workers: A research study in West Bengal* (Calcutta, India).

Stein, M.A. et al. 2001. "Sleep and behavior problems in school-aged children", in Pediatrics, Vol. 107, No. 4, p. E60.

Suruda, A. et al. 2003. "Fatal injuries to teenage construction workers in the US", in American Journal of Industrial Medicine, Vol. 44, No. 5, pp. 510–514.

Tanzania Media Women's Association (TAMWA) 2004. A report on the assessment of child sexual abuse and exploitation (United Republic of Tanzania).

United Nations (UN). 2004. Yearbook of International Trade Statistics 2004, Vol. I (Geneva, Trade by Commodity).

–. 2008. World Population Prospects, 2008. Available at: http://esa.un.org/unpp/p2k0data.asp [20Mar. 2011].

United Nations Environment Programme (UNEP)-ILO-WHO 1991. Inorganic mercury, Environmental Health Criteria 118 (Geneva, UNEP-ILO-WHO). First draft prepared by Dr. L. Friberg, Karolinska Institute, Sweden.

US Department of Labor, Bureau of Labor Statistics. 2000. Report on the youth labor force (November),p. 58. Available at: http://www.bls.gov/opub/rylf/pdf/rylf2000.pdf [4 Feb. 2011].

US Department of Trade. 2004. CAFTA-DR Free Trade Agreement (Washington, DC). Available at: http://www.ustr.gov/trade-agreements/free-trade-agreements/cafta-dr-dominican-republic-central-america-fta [28 Apr. 2011].

Veiga, M.M.; Baker, R.F. 2004. Protocols for environmental and health assessment of mercury released by artisanal and small-scale gold miners (Vienna, GEF/UNDP/UNIDO).

Walakira, E.J. 2010. "Child labour in fisheries and aquaculture in East Africa: With a deeper insight into the Uganda case", Presentation at the Food and Agriculture Organization of the United Nations (FAO) Workshop on Child Labour in Fisheries and Aquaculture, Rome, 14–16 Apr.

World Bank. 2005. Children and youth: A framework for action, HDNCY Working Paper Series, No. 1 (Washington, DC).

World Health Organization (WHO). 2010. Nigeria: Mass lead poisoning from mining activities, Zamfara State, Global Alert and Response (Geneva, WHO).

World Vision Cambodia (WVC). 2005. How and why we work: Child workers in the informal economyin Phnom Penh and Battambang, WVC Report for the Combating the Worst Forms of Child LabourProject (Phnom Penh, Cambodia, Peace and Justice Programme).

Zahm, S.H.; Ward, M.H. 1998. "Pesticides and childhood cancer", in Environmental Health Perspectives,Vol. 106, Suppl. 3, pp. 893–908.

# weitere Veröffentlichungen aus der ILO Reihe

International Labour Office
**Gebt Mädchen eine Chance**
Kinderarbeit überwinden,
ein Schlüssel für die Zukunft

2011, 80 Seiten, Flexcover
Preis: 9,95 €
ISBN 978-3-942230-73-5

Als E-Book (PDF):
Preis: 6,99 €
ISBN 978-3-942230-82-7

**Der ILO Bericht** zeigt die Entwicklung der Kinderarbeit in den vergangenen Jahren und beschreibt zukünftige Herausforderungen. Doch dieses Buch klärt nicht nur auf, es zeigt auch eine effiziente Verfahrensweise im Kampf gegen Kinderarbeit: Ausführlich wird die lohnende Investition in Bildung für Mädchen, im Kampf gegen Kinderarbeit, dargestellt.